听王林波老师上统编语文课

王林波　著

山东城市出版传媒集团·济南出版社

图书在版编目（CIP）数据

听王林波老师上统编语文课/王林波著. —济南：
济南出版社，2021.6（2023.3 重印）
ISBN 978 - 7 - 5488 - 4728 - 1

Ⅰ.①听… Ⅱ.①王… Ⅲ.①小学语文课—教学
研究 Ⅳ.①G623.202

中国版本图书馆 CIP 数据核字（2021）第 120617 号

听王林波老师上统编语文课

王林波 著

责任编辑	张慧泉 高茜茜	
封面设计	胡大伟	
出版发行	济南出版社	
地 址	济南市二环南路 1 号	
邮 编	250002	
印 刷	山东新华印务有限公司	
版 次	2021 年 6 月第 1 版	
印 次	2023 年 3 月第 2 次印刷	
开 本	170 mm×240 mm 16 开	
印 张	15	
字 数	210 千字	
定 价	67.50 元	

济南版图书,如有印装质量问题,请与出版社出版部联系调换。电话:0531 - 86131736

听林波的课，很舒服

上海师范大学

吴忠豪

2019 年，《小学语文教学》杂志社精心筛选出 10 位有教学思想，教学风格鲜明的青年名师，编辑出版了"小学语文十大青年名师"（第一辑）丛书，这套丛书出版后，主编杨伟先生约我写写书评。在书评中，我对三位青年名师做了重点评述，其中写林波的一段话是：

青年名师王林波的语文教学生涯始终与教学研究同行。从一开始既关注识字教学，也关注阅读教学，既关注习作教学，也关注口语交际教学，到后来开始聚焦阅读教学的研究，聚焦对文本的解读，聚焦语言文字的运用。2013 年他出版了《上好小学语文课——在思考与行动中润泽课堂》，2016 年，经过三年实践研究，出版了《小学语文文本解读与教学实践》一书。接着他又围绕语言运用这个主题带领着团队开始了实践研究，出版了《指向"语用"的阅读教学实践》。近年来他又提出了"识体而教"的教学主张，根据课文不同的文体，教出不同语文味，于是就有了丛书中的这本《指向语用，识体而教》。王林波的教学研究是层层推进的，每一个研究主题的确定都是建立在前一个阶段研究成果的基础上的；他的研究主题不是拍脑袋臆想出来的，而是建立在教学实践的基础之上，是语文教师教学实践中遇到的并亟须解决的真问题。经过实践检验的教学研究，才具有创新的价值，才有可能为刷新教育科学理论提供有力的实践依据。

说心里话，在众多的青年名师中，我是非常欣赏林波的，因为他的谦逊，他的勤奋，他的智慧，他的执着。

林波不仅善于思考，也善于实践，他常常把自己的想法落实到课堂实践上，通过实践验证自己的想法，不断改进自己的教学。阅读林波的教学实录，我常常会有一种很畅快的感觉，因为他的教学实践与我所倡导的"用课文教语文"的教学主张高度切合。

从 2015 年开始，在很多大型教学研讨会中我都会遇到林波，林波上课，我讲座，但往往因为行程安排太紧，听林波上课的机会并不多。不过，只要能挤出时间，我一定是会听林波上课的。每一次，林波的课都会给我留下深刻的印象。林波是很会上课的语文老师，听他的课，很舒服。《丑石》一课上得行云流水；《渔歌子》一课上得别具韵味；《欲速则不达》一课，他上得幽默风趣……2020 年我编写《听吴忠豪教授评课（第一辑）》时，收录了林波的《丑石》和《渔歌子》两个课例，一本书里选了同一位名师的两个课例，足见我对林波上课的欣赏。

林波是深爱着语文的，是深爱着课堂的，他探索语文课堂教学的步伐从未停歇过。统编教材全面投入使用后，他又开始了全新的课堂实践。如果说之前他的课侧重的是高年级的教学，那么现在，他的实践领域是全学段的。从一年级到六年级，我们都能看到他上的公开课。一次大型教学观摩活动中，林波连续上了两节课，一年级的《树和喜鹊》上得妙趣横生，学生喊着不要下课；六年级的《两小儿辩日》上得幽默风趣，学生兴致勃勃，发言踊跃。面对一高一低两个学段，面对相差五六岁的两个年级的学生，林波抓住了学生的认知特点，用他的课紧紧地吸引住了学生，听课老师也赞叹不已。

2021 年春节期间，我与林波有了一次深度的合作。林波拿出了 12 节统编课例，我进行了点评。那段时间里，我把林波发过来的 12 节课的视频一节一节认真地观看了，守在电脑跟前好几天时间，原以为会很累，但没想到，看完了课例，我兴奋不已。林波不仅全学段的课都上得很精彩，而且，还是全课型的课啊！阅读教学的课，自不必说，他对语用教学研究得很深入，每一节阅读课都上得很有语文味，设计都很精妙。这次，我又欣喜地看到了他的作文教学课例、整本书阅读教学课例、古诗词教学课例，甚至还有大家很少当作公开课来上的语文园地的教学课例。每一课，都耐人寻味，都能引发我们深深的思考，都能获得很多启示和收益，真好！

今天，看到这部书稿，我再一次兴奋起来。聚焦统编教材的教学，林波精选了不同年段、不同课型的教学实录，这样植根于课堂教学实践的优质课干货满满，值得一线教师阅读，一定会带给大家不少收获。这本书中的每一篇实录都配有当前非常活跃的名师们的点评，能够帮助一线教师领悟林波课堂教学背后蕴含的教学理念，发现教学设计的精妙所在。这种课例加点评的方式，对于提升一线教师的教学水平无疑是最直接、最有效的了。

听林波的课，真的很舒服。因为不仅可以看到充满智慧的教学设计，朴实有效的教学方法，更能体会其中蕴含的先进的教学思想。我愿意常去听听，你呢？

做一个真做事、做真事的小学语文老师

苏州市吴江区组块教学研究室

薛法根

2014 年 6 月，我出版了《做一个大写的教师》一书，没过多久，就在《教师报》上看到了一篇文章——《做一个真做事、做真事的师者——读薛法根老师〈做一个大写的教师〉》，这篇文章是林波写的。

近些年与林波见面的机会很多，我们常常会在不同的教学观摩活动中相遇，可谓以课会友。看到林波的课越来越成熟，越来越受一线教师的喜欢，我非常高兴，毕竟，西部地区的教育相对落后一些，能有在全国有一定影响力的名师实在不易，不过，林波做到了。

授课之余，我们也常常会有不少交流，渐渐地，我觉得林波真的算得上是一位做真事、真做事的小学语文老师，很值得青年教师学习。

很欣赏林波的语文课，扎扎实实，从不故弄玄虚，没什么花架子，幽默中透露着教育的智慧，难怪孩子们在他的课堂上总是那么开心。我一直以为林波是学校主管教学的副校长，后来才知道，他在学校分管的是后勤、安全、德育、少队等方面的工作，那一刻我还是挺惊讶的。我们都知道，后勤等方面的工作是琐碎的，又是极其繁忙的，要想静下心来研究教材，走进课堂上课，没有对语文发自内心的热爱是很难做到的。

　　林波就是这样一位真做事的小学语文老师，上班时间实在抽不出身，他就让自己在下班后成为一位语文老师。每天下午下班后，大家回家了，整个校园安静下来了，他就开始了教材的研究、教法的探索。他说，工作之余最大的享受就是安安静静地阅读语文教学方面的书籍，潜下心来研究研究语文课该怎么上更好。常常，刚从工地上回来，脚上还有未干的泥巴，他转身走进课堂，就成了孩子们最喜欢的语文老师。林波带着一支很优秀的教学团队，他们开展了一系列教学研讨活动，节假日、双休日是他们集中开展线上活动的时间，每一次活动，他们都搞得扎扎实实的，参与的老师都能受益良多。

　　林波说，他想做后勤校长里面最会上课的一个，我想，他已经做到了。

　　林波也是一位做真事的小学语文老师。对于小学语文老师，上好小学语文课无疑是最重要的事情了，做好这件正事，我们都得努力。

　　统编教材推行使用以来，林波在这方面做了很多努力，取得了不少值得推广的经验。特别欣赏林波这种真做事、做真事的行事风格。记得2019年暑假在山东青岛的全国名校联盟的会议中，林波上了统编教材文言文的课，做了文言文教学的讲座，现场取得了非常好的效果，老师们反响很强烈。几个月后，他在这次活动中的课堂实录和讲座内容就连续发表在了《小学语文教学》上。很多老师都很羡慕林波有这么多发表文章的机会，殊不知，为了这次文言文的讲座分享，他研究了统编教材中所有的文言文，并且在每个年级选了一篇文言文进行了教学实践。他说，只有自己实践了，真真切切地教了，给老师们分享时心里才踏实。像林波这样踏踏实实地做研究，做真事，怎么会没有收获？

　　2020年，林波推出了30节统编教材的教学视频，2021年，林波又推出了20节统编教材的教学视频，这些课例给一线教师做出了很好的示范，深受一线教师的欢迎，但是，我很清楚背后的诸多不易。统编教材对于每一个人来说，都是全新的领域，需要静下心来探索，从把握语文要素到解读教材，从设计教学到制作课件，这都需要时间，这更需要勇气。林波做到了，他为一线教师呈现出了一节节精彩的课例。

眼前的书稿，精选的就是林波实践过的统编课例，这些课例是精彩的，更是多元的，不局限于某一个年段，也不拘泥于某一种课型，在这本书中，你能看到一到六年级全学段的课，你会读到阅读课的教学，也会读到习作课、整本书阅读课的教学。这本书里，有你想要的年级，有你想看的课型。我想，这样的一本书，想要教好统编教材的一线教师是应该读一读的。

这本书中精选的每一篇课例都配有深入的点评，有张祖庆、李祖文、鱼利明、李竹平等在全国有一定影响力的名师的赏析；也有景洪春、曹爱卫、李斩棘、王露等资深教研员的剖析；更有像吕俐敏博士这样的高校教授的评析。阅读这样的一本书，就像参与一场精彩的、有深度的教学研讨活动，你的收获自不言而喻。

这样的一本书，需要你静静地阅读，细细地品析，语文的味道，将让你沉醉。

目 录

第一辑
散文教学

对比中发现表达秘妙　实践中落实语言运用

——《猫》教学实录及点评

（统编版小学语文教材四年级下册第四单元）

点评：张祖庆（特级教师）

单位：杭州谷里书院

一、图片导入，激发兴趣

师：同学们，今天上课前，王老师要先请同学们欣赏一组特别可爱的小动物的图片，请看大屏幕。

（课件出示了一组小猫的图片，生被可爱的小猫吸引，惊叹连连。）

师：看了这组图片，猫给你们留下了什么样的印象？

生1：小猫非常可爱，让人忍不住想要为它吟诗一首。

生2：这只猫既调皮又可爱。

生3：它太可爱了，即使是犯错误了，人们也不忍心打它。

生4：它像小朋友一样天真可爱。

师：你们家里养过猫没有？能不能说一说你家的猫是什么样的？

生1：我们家的猫，每天我一到家就对着我"喵喵"地叫，好像在说："小主人，你终于回来了，我太想念你了。"

生2：我每天写作业的时候，我们家的小猫都会在我的身边蹭我的腿。

生3：虽然我的爸爸妈妈都在我身边，但是我还是觉得猫才是我最亲密的朋友。

生4：每次我回家，我的猫都会在衣柜上蹲着给我招手，特别可爱。

师：同学们，猫的确是特别可爱，今天我们就来学习一篇和猫有关的课文，题目就叫作——《猫》。（师板书题目。）

师：同学们，你们都提前预习课文了，这篇课文的作者是谁？

生：著名作家老舍。

师：谁了解他？和大家分享一下。

生：他写过《趵突泉》。

（生对老舍了解不多，师出示老舍的照片及简介进行补充。）

课件出示

老舍，原名舒庆春，字舍予，满族人。代表作有小说《骆驼祥子》《四世同堂》，剧本《茶馆》《龙须沟》等，北京市人民政府授予他"人民艺术家"称号。

生：老舍先生被称为"人民艺术家"，可真了不起！

师："人民艺术家"老舍先生笔下的猫是什么样的呢？我们今天就来学习这篇文章。

二、初读课文，解决字词

1. 认读词语，学习多音字。

师：请同学们自由读课文，注意读准字音，读通句子，同时想一想老舍笔下的猫有什么特点。

（生自由读课文。）

师：同学们读得非常认真，生字词应该都会读了吧。我们先来试着读一读第一行词语。

无忧无虑　丰富多彩　屏息凝视

生气勃勃　天真可爱　枝折花落

生：无忧无虑、丰富多彩、屏息凝视。

师：第一行中有一个多音字你读得特别好。同学们，哪个字是多音字？

生：屏。

（师拿起手机，指着手机屏幕。）

师：同学们，这是——

生：手机屏幕。

师：我们常见的还有哪些屏幕？

生：电视屏幕、电脑屏幕。

师："屏"在"屏息凝视"里读"bǐng"，同学们再读一遍。

（生读。）

师：谁来读第二行？

生：生气勃勃、天真可爱、枝折花落。

师：这里的"生气勃勃"是很生气的意思吗？

生：不是生气，是很有生机的意思。

师：这一行里也有一个多音字是——

生：折，在"枝折花落"里读"shé"。还有一个读音是"zhé"。

（课件出示新闻图片。）

师：谁来读读这个新闻的标题，看看这个字在这里怎么读？

生：小学生校内手臂骨折，到底谁来担责。

（课件出示小朋友折纸的照片。）

师：你们看这些小朋友在干什么？

生：折纸。

师：这几个多音字大家掌握得真好。我们再来读一读这组词语。

（生读两行词语。）

师：同学们读得真好！你们看"无忧无虑"这个词，"忧""虑"都和一个偏旁有关——

生：心。

师：说明这个字和什么有关系？

生：心情。

师：来，看老师怎么写这个字。

（师指导书写"忧""虑"，生练习。）

2. 整体感知，了解课文大意。

师：同学们，大家有没有发现第一行词语都是写什么的？第二行词语都是写什么的？

生：第一行词语都是写大猫的，第二行词语是写小猫的。

师：打开课本，请大家迅速读一读课文，看看哪些自然段写的是大猫，哪个自然段写的是刚刚满月的小猫？

生：第1~4自然段写的是大猫，第5自然段写的是小猫。

师：我们班的同学很会读书，有没有更厉害的同学，找找看写小猫的段落是围绕哪一句话写的？

生：满月的小猫们就更好玩了，腿脚还不稳，可是已经学会淘气。

师：这一句话，如果浓缩成一个词，你会选择哪个词？

生：淘气。

师：课文在写大猫的时候，又是围绕哪一句话来写的呢？

生：猫的性格实在有些古怪。

师：浓缩成一个词语就是——

生：古怪。

师：同学们你们看，大猫非常古怪，小猫非常淘气，可是在作者眼中它们都非常可爱。这只大猫的性格确实有些古怪，请同学们读课文的第2、3、4自然段，看看哪些看似矛盾的词语让你感受到了这只大猫性格的古怪，请你们把找到的关键词画下来。

（生默读课文，勾画相关词语。）

生1：我勾画的词语有"老实、贪玩、尽职"。

生 2：我找到的词语是"温柔可亲、一声不出"。

生 3：我勾画的词语是"什么都怕"和"勇猛"。

师：太好了，请你们把这三组词语板书到黑板上。

（生书写后，师相机指导"贪""职"两个生字的书写。）

师：这三组词语，我们再来读一遍。

（生读词语。）

师：这可的确是一只性格古怪的猫啊！难怪作者这样写道——

生读：猫的性格实在有些古怪。

三、聚焦表达，学习第二自然段

1. 读中学习作者流畅表达的方法。

师：大家看，这就是写猫老实、贪玩、尽职的段落。老舍先生不愧是大作家，你看，本来充满矛盾的三个特点：老实、贪玩、尽职，在他的笔下却表达得非常流畅，这其中啊，有一个词功不可没，请同学们仔细读读这段话，看看你们能不能发现这个连接词。

生："可是"。

师：对，就是这个"可是"，就是它把"老实"和"贪玩"连接在了一起，又把"贪玩"和"尽职"连接在了一起！同学们能够发现语言表达的秘妙，真了不起！这段话的语言表达还有一个小秘密呢，为了帮助大家发现语言表达的奥秘，老师特别把这段话的呈现方式做了一些改变，请大家这次聚焦这两段话的开头部分，读一读，体会体会，看看你们能不能发现这个小秘密。

课件出示 ➊

说它老实吧，它的确有时候很乖。它会找个暖和的地方，成天睡大觉，无忧无虑，什么事也不过问。可是，它决定要出去玩玩，就会出走一天一夜，任凭谁怎么呼唤，它也不肯回来。

说它贪玩吧，的确是啊，要不怎么会一天一夜不回家呢？可是，它听到老鼠的一点儿响动，又是多么尽职。它屏息凝视，一连就是几个钟头，非把老鼠等出来不可！

（生发现了秘密，纷纷举手。）

生：作者在这一段写猫的特点时，用到的句式是：说它什么什么吧，它的确怎么怎么样。

（师板书：说它……吧，……的确……，可是，……）

师：让我们学学老舍先生，当一次小作家，用上这个句式，说说这只猫另外两组充满矛盾的特点吧！

生1：说它温柔可亲吧，的确是呀，可是，它不高兴时，就会一声不出。

生2：说它勇猛吧，的确是呀，可是，有的时候它又什么都怕。

师：你们看，这只猫的性格是不是充满了矛盾。来，大家一起读这个句子。

生齐：猫的性格实在有些古怪。

师：可是，就是这样一只性格有些古怪的猫，却让人十分喜欢，同学们一起读。

生齐：这种古怪的小动物，真让人觉得可爱。

2. 读中学习体会作者口语化的表达方法。

师：同学们，还记得这篇课文的作者是谁吗？

生：老舍先生，他被称为"人民艺术家"。

师：我们来看一段资料，看看你们能有哪些新的收获。

课件出示

老舍原名舒庆春，一生创作了多种题材和不同艺术样式的文艺作品，成功地描绘了城市平民阶级的生活，同时努力表现新社会的可喜变化，语言生动，风格独特，被北京市人民政府授予"人民艺术家"的称号。

生：老舍先生的作品人民群众特别喜欢，因为他写的就是城市平民阶级的生活，而且语言还很生动。

师：是啊，老舍写的文章呢，就像两个人在亲切地聊天一样。不信你们读一读这两段话。

课件出示 ⊖

说它老实吧，它的确有时候很乖。它会找个暖和的地方，成天睡大觉，无忧无虑，什么事也不过问。

说它贪玩吧，的确是啊，要不怎么会一天一夜不回家呢？可是，它听到老鼠的一点儿响动，又是多么尽职。它屏息凝视，一连就是几个钟头，非把老鼠等出来不可！

师：同学们，读这两段话，你们也可以像聊天一样。来，跟同桌试着聊一聊。

生：你看看我家的猫，说它老实吧，它的确有时候很乖，它会找个暖和的地方，成天睡大觉，无忧无虑，什么事也不过问。

师：读这个句子的时候，这位同学在前面加上了一个"你看看我家的猫"，特别有创意，谁再来试试？

（多位生举手。）

师：来，请你到前面来，咱们俩一起聊。

生：我们家的猫啊，说它贪玩吧，的确是啊，要不怎么会一天一夜不回家呢？可是，它听到老鼠的一点儿响动，又是多么尽职。它屏息凝视，一连就是几个钟头，非把老鼠等出来不可！（生带着手势，边说边表演。）

师：接下来，我请两位同学到台前来聊天，一人来聊一段。

生1：今天我给你说说我家的猫，说它老实吧，它的确有时候很乖。它会找个暖和的地方，成天睡大觉，无忧无虑，什么事也不过问。

生2：我跟你说说我家的猫吧！说它贪玩吧，的确是啊，要不怎么会一天一夜不回家呢？可是，它听到老鼠的一点儿响动，又是多么尽职。它屏息凝视，一连就是几个钟头，非把老鼠等出来不可！

（两位生边说边表演，非常投入，同学们被逗得哈哈大笑。）

师：同学们，人民艺术家的语言就是这样，非常亲切。这里有一个词语需要大家特别注意——屏息凝视。我请一位同学上台来表演一下什么叫作屏息凝视。

（生在台上表演，眼睛瞪得滴溜圆，屏着气，师在旁边干扰他，生不理会。)

师：同学们你们看，我不断干扰他，都影响不了他，这就是屏息凝视。我们一起来读一下这段话。

(生朗读这段话。)

师：这就是那只性格古怪的猫。来，一起读——

生齐：猫的性格实在有些古怪。

师：即便如此古怪，作者还是非常喜欢它，一起读——

生齐：这种古怪的小动物真让人觉得可爱。

3. 联系生活，感受作者对猫的喜爱之情。

师：就是这样一只有些古怪的猫，老舍先生却非常喜爱。再读读这段话，看看你们能不能发现，在老舍先生的眼中，这只猫就像是一个人，老舍先生家里的一个人一样。

课件出示 ⬤

说它老实吧，它的确有时候很乖。它会找个暖和的地方，成天睡大觉，无忧无虑，什么事也不过问。可是，它决定要出去玩玩，就会出走一天一夜，任凭谁怎么呼唤，它也不肯回来。

生 1：任凭谁怎么呼唤，它也不肯回来。

生 2：它会找个暖和的地方，成天睡大觉，无忧无虑，什么事也不过问。

师：同学们，这里有一句话：无忧无虑，什么事也不过问。同学们，什么时候你们是无忧无虑的？

生 1：放假的时候。

生 2：写完作业的时候。

师：一般你们在家都会过问什么事？

生 1：今天停水了吗？

生 2：今天中午吃什么呀？

生 3：放暑假了，什么时候去旅游？去哪里呢？

师：是呀，有的时候你还会问今天中午吃什么这样的事情，而这只猫什么事也不过问。再看后面：它决定要出去玩玩。这只猫就像人一样，会做很多决定。你有没有做过什么决定？

生1：我决定今天回家先玩一会儿，然后再写作业。

生2：我决定今晚把这本书看完了再睡觉。

师：同学们，你们会做决定，这只猫也会做决定，在作者眼中，这根本就不是猫，而是自己的家人。来，我们一起把这一段再读一遍。

生齐：说它老实吧，它的确有时候很乖。它会找个暖和的地方，成天睡大觉，无忧无虑，什么事也不过问。可是，它决定要出去玩玩，就会出走一天一夜，任凭谁怎么呼唤，它也不肯回来。

4. 在对比中感受不同作家的表达方法。

师：老舍喜欢猫，他用口语化的表达，写出了猫有些矛盾的古怪性格。因为他把猫当作了一个孩子，所以笔下的猫是那么可爱。有一位作者，他也非常喜欢猫，他又会怎样表达出自己的喜爱之情呢？我们一起来读读——

课件出示 ⬤

小猫白玉似的毛色上，黄斑错落得非常明显。当它蹲在草地上或蹦跳在凤仙花丛里的时候，望去真是美丽。每当附近四邻或路过的人，见了称赞说"好猫"的时候，妻脸上就现出一种莫可言说的得意，好像是养着一个好儿子，或是好女儿。阿吉、阿满这两个孩子从学校一回来就用带子逗它玩，或是捉迷藏似的在庭间追赶它。我也常于初秋的夕阳中坐在檐下对这小动物作种种的遐想。

——选自夏丏尊的《猫》，有改动

师：这位作家写的猫也可爱，但是他的写法不一样。他是通过哪些人来表现出这只猫的可爱的？

生：邻居、妻子、儿女和作者自己。

师：你们瞧，作者就是通过不同人对猫的评价来表现猫的可爱的，这种方法特别好。现在我们回到课文中，课文中说如果这只猫决定要出去玩玩，就会出走一天一夜，任凭谁怎么呼唤，它也不肯回来。

课件出示 ●

说它老实吧，它的确有时候很乖。它会找个暖和的地方，成天睡大觉，无忧无虑，什么事也不过问。可是，它决定要出去玩玩，就会出走一天一夜，任凭谁怎么呼唤，它也不肯回来。

师：大家说说看，谁会呼唤这只猫？

生：老舍先生自己，还有他的妻子和孩子。

师：他们会怎么呼唤这只猫呢？

生1：你快回来吧，我的小乖乖！

生2：我的小猫呀，你快快回来吧，我给你准备了你最爱吃的小鱼干呀！

生3：我的妈呀！你跑哪里去了呢？急死我咧！（方言。）

师：咱班同学特别能理解作者对猫的喜爱，咱们一起来读一读这一段。

生齐：说它老实吧，它的确有时候很乖。它会找个暖和的地方，成天睡大觉，无忧无虑，什么事也不过问。可是，它决定要出去玩玩，就会出走一天一夜，任凭谁怎么呼唤，它也不肯回来。

师：今天王老师要特别表扬咱们班同学，不光会读，而且能够想象画面、情景，读得特别好。同学们，我们知道这只猫性格古怪，除了表现在"老实、贪玩、尽职"上，还表现在"温柔可亲"和"一声不吭"，以及"勇猛"和"什么都怕"上。当然了，小猫淘气又可爱，作者又会怎样写这些内容呢？我们下节课再学习。最后，王老师希望同学们能够好好地读一读这篇文章，希望你们能用到今天学到的方法写写你们身边的小动物。今天的课就上到这里，下课！

点 评

简约而不简单

张祖庆

王林波老师这节《猫》，是他的第二个版本。这节课，依然做到了"简约而不简单"。这节课的"简约而不简单"，体现在如下几个方面：

第一，目标设定简约

王林波老师根据老舍这篇散文的特点，在本课时教学中确立了三个核心教学目标：①学会抓关键语句，把握文章的大意，梳理文章的脉络；②品读中发现老舍散文的风格：用流畅的叙述，口语化的表达，表现对猫的喜爱之情；③在对比中感受不同作家的不同表达方法。

第一个目标，指向于对文本整体的把握，处理得简洁明快，在此过程中，顺手捎带出生字词语和多音字的教学；第二个目标，指向于表达，是本节课的核心目标，处理得层次分明，高效扎实；第三个目标，指向于赏析，通过对比感受不同作家截然不同的写作风格。

目标集中简洁，教学才能做到简约而丰满。"伤其十指，不如断其一指"，就是这个理儿。当然，目标集中，并不意味着学习过程就一定单调。在教学预设时，教师要充分考虑每一个环节的多功能性，尽力做到"以一当十"，努力让每一个教学环节都显得慧意玲珑。例如识字学词的环节，王林波老师通过分类呈现，正音、辨形、书写，突出重点，有板有眼。更为重要的是为理清文脉、整体感知埋下了伏笔。这，就是多功能性。

王林波老师的教学目标设定，给我们一个启发：一篇课文在存在许多教学价值点的情况下，教学设计不仅应该关注文本的核心价值，更要抓住"语文学习的核心价值"。重点挖掘课文隐含的语文学习价值，重点训练学生对语言的感受能力和表达能力，重点完成语文课应该完成的教学目标，适当弱化文本中可能隐含的其他教育价值。语文的核心目标是要抓具有语文特点、具有统领性、有明显的特征或代表性、便于上升为规律性的语文知识与语文技能。这个规律性的知识与技能就是语文的本体。语文的本体性目标抓住了，语文教学就会简约而丰满。

第二，教学板块简约

语文教学，目标制定是第一位的，而决定目标达成度的，则是教学内容的选择。教学中，我们要善于选择有助于教学目标实现的教学内容，充分预设，如此方能让语文教学走向简约，走向丰满。

看一节课是否具有无限丰富性，得看教师对所选教学内容有无充分的"预设"。而看"预设"是否充分，是否有助于达成目标，关键看"预设"的呈现方式。如果"预设"的教学流程是"线性"的，那么这样的课堂往往是教学内容多而杂的，这节课也往往死水一潭。因为内容庞杂的线性程序难以包容课堂教学的复杂多变。一问只有一答，一项任务只有一种努力的方向，且哪个问题先问，哪个问题后问，都做了"精确"的设计，和流水线操作没有两样。这样的设计，从客观上抑制了课堂"生成"的可能。因此，我们倡导"非线性"的"板块预设"。这种教学设计，内容是集中的，教学的流程是分支式的，一问有多答，一项任务可能出现不同的努力方向和解决路径。这样的板块设计就为精彩的生成提供了无限可能。

王林波老师的课堂，只有简简单单的三个板块，简约而明快。他把重点落实在第三个板块：聚焦表达，运用语言，感受老舍的语言风格。这个板块又分这样四个层次推进：

第一层次，读中学习作者流畅表达的方法。让学生在读课文中寻找连接几方面特点的关键词，理解从几个方面来写大猫特点的方式。学生很快发现，作者反复运用"说它……吧，的确……，可是，……"的句式，把段落写得连贯、流畅。第二层次，读中体味作者口语化的言语风格。在这个板块，王林波老师巧妙地设计了"聊猫"的场景，学生们通过体验式聊天，充分感受老舍散文语言口语化的特点。学生们通过聊猫的环节，对老舍这位文学大家的言语风格有了更深的体会。而且，这种聊，也是另一种形式的语言实践。第三层次，联系生活，人猫对比，感受老舍藏在字里行间的对猫的深情。第四层次，在对比中感受不同作家的表达方法。同样是写猫，不同的人笔下，猫竟如此不同。王林波老师通过引入夏丏尊同题文章，让学生感受不同的写作方法与言语风格。这种方式打开了学生的视野，也在对比中进一步强化了学生对老舍作品特点的认知。这四个层次推进得扎实而高效。

第三个板块重点训练两个表达技巧：一是有序表达，怎么样通过连词把几个意思连贯地写成一个意义段。王林波老师让学生通过寻找连接词的方式感受作者遣词造句的连贯性。二是如何准确传达情感。老舍用口语化语言，借助语气词把猫当作人来写，传达作者对猫的喜爱之情。整个教学过程充分体现了语文学科的实践性。

第三，问题设计简约

从阅读教学的本质看，阅读教学效率高低的决定性因素是对话的有效性。"阅读教学，是教师、学生、文本、教科书编者对话的过程。"语文教学要想显得简约而丰满，教师必须把握对话的本质，以话题统领对话。

当前的阅读教学，尽管和以往相比有了很大的改进，但是依然问题多多，最主要的问题还是"满堂灌"——围绕着教学内容理解的以问代讲的"新满堂灌"。教学的主要流程基本上是以教师的问题串起来的——大问题套着小问题；学生课堂上的主要学习方式，是在猜测问题的答案。课堂上，他们与静思默想基本"无缘"，和潜心会文近乎"绝交"，有的，只是热闹、肤浅、无聊地回答老师的问题。而学生自己在学习过程中产生了什么问题，在学习过程中收获了什么，又是如何收获的，他们已经没有时间去静静思考了。

课堂是个常数，一旦教师提问的时间多了，学生独立思考读书的时间必定减少。语文是一门实践性很强的学科，非常强调个体的实践。教师要引导学生亲近文本，做文本的知音，就必须留出整块时间给学生。时间怎么留？当从减少提问开始。窃以为，一节语文课，教师涉及课文内容的问题，一般不要超过 5~6 个。教师要尽可能提紧扣教学主目标，让学生们通过与文本的充分对话、自主感悟之后才能回答的问题。

在《猫》一课的教学中，王林波老师关于内容理解的问题少之又少，所提的问题大都指向于表达，指向于言语风格的揣摩。这样的问题，答案不是唯一的，而是有很强的开放性。好的问题是引导学生不断去发现文本的密码的，而不是像渔人钓鱼一样，"钓"出问题答案。开放性的问题有助于学生潜心会文、聆听文本，进而发现言语表达的秘妙。再者，问题少了，学生实践语言的机会就多了，课，也因此走向简约和丰满。

第四，教学手段简约

当下的语文课，尤其是公开课，成了现代教育媒体的大展台。声、光、电齐上，图、文、像兼备。似乎不用现代化的设备，该教师就落后，这节语文课就陈旧。于是乎，我们的语文课就成了大杂烩，语文老师也被人讥为"肥了别人的田，荒了自己的园"。

其实，学习语文应当充分遵循本民族语言的特点和学习规律。形象性是中国汉语的一大特点，让学生们以形象的方式去掌握母语，应该是我们的母语学习的基本规律。适当运用现代教育技术的确能帮助学生学习语文，但是把握不好尺度，现代教育技术反而会阻碍学生学习语文。过度使用，甚至会封杀学生的想象，让他们的思维不再灵动，想象的翅膀被无情地折断。

"朴素是优雅的灵魂。"听于永正、支玉恒、贾志敏、薛法根等老师的课，我们会发出一种"绚烂之极归于平淡"的感慨。他们的课堂基本没有现代教育手段，只凭着一支粉笔一张嘴，就能让语文绚丽多彩、精彩纷呈。尤其让人钦佩的是，他们的教学语言清新、质朴，没有华丽精致的辞藻，没有气势如虹的排比，但是学生却在他们的带动下充分地说，投入地读。正如刘铁芳教授说的："让学生动起来，却看不见教师过多自我的痕迹，课堂行云流水都是学生的云与水，而不是教师自身的流水。"这种一切从学生出发的课堂是最美的。这种朴素之美是真正的大美！

王林波老师的这节课，一如他的其他阅读课一样，很少借助太多教学媒介来营造氛围，刻意制造轰动效果。他的课，一如他的为人，朴朴实实，简简单单。简单地读词语，简单地写生字，简单地聊聊猫，简单地对比读。教学貌似很简单，但整个教学过程却不简单，学生们的语言实践有频度、有密度、有温度，充分彰显了因简单而带来的"丰满"。

语文，就是要以语文的方式去学。只有这样，语文才能闪亮"因朴素而优雅"的面孔，语文课也因之而显得简约丰满。这节《猫》，王林波老师为我们做出了榜样。

体会生动的表达　丰富语言的积累

——《读不完的大书》教学实录及点评

（统编版小学语文教材三年级上册第七单元）

点评：李斩棘（正高级教师）

单位：河南省商丘市基础教育教学研究室

一、谈话导入，揭示课题

师：同学们，我知道咱们班很多人都喜欢读书，谁能跟大家说说你读过什么书？

生1：我读过《安徒生童话》。

师：什么时候读完的？

生1：放暑假的时候读完的。

师：还有谁也来说一说？

生2：我最近在读《小学生小散文100课》，快读完了。

生3：我读的是《格林童话》，我每天都读，两个星期就读完了。

生4：我读的是《了不起的狐狸爸爸》，我用了一个星期读完的。

师：刚刚大家说到了很多书，有的人花了几周时间读完，有的人花了几个月时间读完。你们知道吗，有这样一本书，它有着无穷的奥秘，有着无尽的乐趣，但是怎么读也读不完，是一本读不完的书。今天我们就来学习这篇课文——《读不完的大书》。课题中的"读"是本课要求书写的生字，看老师来写。（师边范写边讲解。）左边言字旁的第二笔很重要，注意横折提的折笔竖直向下，然后向右上提，由重到轻，收笔尖尖的；右边是一个"卖"，二年级我们学过的《青蛙卖泥塘》的"卖"，注意第三笔是横钩，最后一笔是点。

（师补充完课题，生齐读课题。）

二、初读课文，积累词汇

师：请同学们打开课本，自由读课文，注意读准字音，读通句子，去认识一下这本读不完的大书，看看这本书中都有哪些有趣的事物，大家可以边读边勾画。

（生自由读课文，思考勾画相关词句，师巡视指导。）

师：刚刚同学们读课文读得非常认真，值得表扬。课文读完了，知道这本读不完的大书是什么了吧？谁能够找到课文中的相关句子读给大家听？

生：这本读不完的大书是大自然。课文中有这样一句话：大自然是一本看不完的大画册，是一部永远读不完的大书，里面有无穷的奥秘，有无尽的乐趣。

师：这个大画册里有很多有趣的事物都值得我们去看看，刚刚在读课文的时候你们关注到了哪些？

生1：屋后的竹子，还有小麻雀、蚂蚁。

生2：有老鹰、梨树、桃树、柚子树。

生3：还有小鱼、橘子树、棕榈。

师：这个词语的读音很容易出错，谁再来读一遍？

（生再读，师强调"棕榈"的"榈"读二声。）

师：刚刚大家说到的这些词语，我们分成组，再来读一读。

课件出示 ⚊

蚂蚁

小鱼

小麻雀　老鹰

梨树　　桃树　　橘子树

柚子树　竹子　　棕榈

（指名生读词语，师及时正音。）

师：我们换一种方式来读，怎么样？大家根据我的提示读，水里游
的——

生：小鱼。

师：天上飞的——

生：小麻雀、老鹰。

师：地上爬的——

生：蚂蚁。

师：所有的动物——

生：小麻雀、老鹰、蚂蚁、小鱼。

师：所有的植物——

生：梨树、桃树、橘子树、柚子树、竹子、棕榈。

师：小麻雀的"麻"是本课要求书写的一个生字，我们一起来看
一看：上面是广字头，下面是一个"林"，注意有一笔变了，你们发现
了没有？

生：林是两个木字组成的，第一个木字的捺变成了点。

（师示范书写，强调广字头要盖住下面的"林"，"林"字的第一个
"木"字的捺变成了点。）

师：我们再来写一写"蚂蚁"这个词。大家先来观察观察这两个
字，你们发现了什么？

生1：这两个字都是虫字旁，因为蚂蚁是一种昆虫。

生2："蚂"字左边是"虫"，右边是"马"；"蚁"字左边是

"虫"，右边是"义"。

生3：这两个字都是形声字，右边都表示读音。

师：来，看老师写一写这个词语，注意了，（师边范写边讲解。）虫子旁的第五笔——提从左下向右上写，由重到轻；"蚁"字右边的撇和捺都要长一些，舒展一些。写"蚁"字时要注意跟"蚂"保持大小一致。来，我们写一写"麻、蚂、蚁"这三个字。

（生练习书写，师巡视指导。）

师：小麻雀大家都见过吧？如果要用一个词语来形容小麻雀，你们会怎么说？

生1：活泼的小麻雀。

生2：胖嘟嘟的小麻雀。

生3：漂亮的小麻雀。

生4：毛茸茸的小麻雀。

师：有了这么多恰当的词语形容它，我的眼前立刻出现了小麻雀的样子。那如果要形容蚂蚁，你们会怎么说？

生1：黑黑的蚂蚁。

生2：小小的蚂蚁。

生3：勤劳的蚂蚁。

生4：坚强的蚂蚁。

师：恰当的修饰词就让小蚂蚁的形象出现在我们眼前了，真好。

> **点评**：教师让学生做"自行勾画词、分组朗读词语、根据提示读词语"的反复训练，以及当堂书写和运用恰当词语形象描述"麻雀""蚂蚁"的短语练习，不仅帮助学生扫清了字词障碍，还潜移默化地让学生学会对文中的词语分类，同时又进行了语言文字的训练，为达成本单元的教学目标打好了基础。

三、聚焦文字，学习表达

1. 发现词语特点，分类进行摘抄。

师：同学们，大家发现了吗？恰当的搭配能够使语气表达更加生动。课文第一自然段中就用到了好多搭配得恰当的词语。我们读一读第一自然段，看看你们能不能发现。

（生自由读第一自然段，勾画相关词语。）

师：来，我们交流交流，说说你的发现。

生：我勾画的是"高远的天空，广阔的大地，空中的浮云飞鸟"。

师：很好，除了这些恰当的搭配，还有很多四字词语也值得积累，说说看吧！

生1：花草树木。

生2：世界万物。

生3：虾蟹游鱼。

生4：浮云飞鸟。

师：大家刚刚说的这些词语都值得积累。大家注意了，像"高远的天空，广阔的大地"这些是修饰恰当的一类，"浮云飞鸟、虾蟹游鱼"这些是四字词语，我们在摘录的时候要注意分类来写，不要写在同一行，甚至还可以另翻一页纸来写。来，我们动笔把它们摘录下来吧。

（生摘录词语。）

师：大家都摘录完了，我们来读一读这些词语吧！

（生读词语，进行积累。）

师：同学们，这些词语每一个都值得积累，及时摘录，反复朗读都是非常有效的积累方法。刚刚大家在读的时候有没有发现，这些词语之间是有关系的。比如：高远的天空，广阔的大地。我说高远，你们就可以对——

生：广阔。

师：天空可以对——

生：大地。

师：高远的天空对——

生：广阔的大地。

师：空中可以对——

生：水里。

师：空中还可以对——

生：地上。

师：浮云飞鸟这个词可以对——

生：虾蟹游鱼。

师：如果我说虾蟹游鱼，你可以对——

生：走兽昆虫。

师：空中的浮云飞鸟可以对——

生1：水里的虾蟹游鱼。

生2：地上的走兽昆虫。

师：请同学们现在放开嗓音好好读一读，看看能不能把这些词语积累下来。

（生自由练习，积累词汇。）

师：同学们，课文第二自然段也写得非常有意思，这一段中出现了三种动物，自己来读一读，找出这三种动物来。

（生自读第二自然段，勾画动物名称。）

生：我找到了，是老鹰、蚂蚁、麻雀。

师：谁能用一些词语来形容形容它们？

生1：雄健勇猛的老鹰、叽叽喳喳的小麻雀。

生2：猛扑而下的老鹰、勇敢忠贞的蚂蚁、蹦蹦跳跳的小麻雀。

生3：展翅滑翔的老鹰、井然有序的蚂蚁。

师：如果要摘录"勇敢忠贞的蚂蚁"，应该跟我们刚刚摘录的哪些词语写到一起呢？

生：跟"高远的天空"写到一起。

师：很好，如果要摘录的是"勇敢忠贞"呢？

生：应该跟"浮云飞鸟"写到一起，它们都是四字词语。

师：说到四字词语，我们还可以摘录哪些词语？

生1：猛扑而下、叽叽喳喳、展翅滑翔。

生2：井然有序、雄健勇猛。

师：请大家把这些词语也摘录下来，注意搭配恰当的词语要和四字词语分开来摘录。

（生进行摘录，师巡视指导。）

师：这段话中写到的动物谁很厉害？谁很可爱？

生：老鹰很厉害，小麻雀很可爱。

师：所以大家在读的时候要读出不同来，谁来试着读一读？

（一生朗读。）

师：这位同学读得很流畅，只是缺少了一些变化。想想看，这可是雄健勇猛的老鹰啊，该怎么读呢？

（多生进行朗读，师相机指导。）

> **点评**：教师在此环节巧妙地把本单元的语文要素"感受课文生动的语言，积累喜欢的语句"融入课堂。"交流平台"中提到的关于让学生学会摘抄、归类摘抄的要求在这里得到体现，学生也在这样多种识记的方式中积累了更多的优美词句和短语。教师还巧妙地渗透了"对对子"的练习，引导学生发现文中语言特点。扎实的训练，恰当的引导，教师的每一步的教学目标都非常明确——聚焦生动的表达，丰富语言的积累。

2. 发现表达方法，进行迁移运用。

师：刚刚我们看到的是动物，其实还有很多植物也很有趣。课文第三、四自然段都写到了植物的什么呢？赶快读一读这两段吧！

（生读，勾画相关词语。）

生：这两段写了植物的花、叶子，还有果子。

师：同学们，课文中说："植物的开花、结籽，暑寒荣枯，有着不同的趣味。"回想一下，你跟花或者籽之间有没有哪些趣事发生？

生1：有一次，我在理发店的旁边发现一棵桃树，桃花从远处看是粉色的，到近处看有很多种颜色，有白色的，也有粉白相间的，很有趣。

生2：有一天，我弟弟发现了向日葵的种子，也就是瓜子。他以为吃了向日葵种子，肚子里就会长出向日葵。他每天不停地喝水，还跑到太阳底下晒，他说这是为了让向日葵早点儿长出来。

生3：有一次苍耳粘在了我的裤子上，结果我一坐，把屁股扎疼了。

生4：有一天，我和爸爸出去散步的时候，发现了一种不知名的植物，它的花籽像蚂蚁，闻起来臭臭的。我们上网查了以后才知道这种花籽有毒。

师：多有意思啊！不过呢，学语文可不能只感受课文写得如何有趣味，还要学习作者的表达方法才行。我们再来细细地读一读这两句话——

课件出示 〇

花儿有红的、黄的、紫的、蓝的，形状有单瓣的、重瓣的，千姿百态。草的叶子各不相同，有长有短，有宽有窄，有的还带着刺。

（生自读。）

师：作者写花和草的方法是不一样的，你们发现了吗？

生：作者写花主要写的是颜色和形状，写草主要写的是长短和宽窄。

师：作者写花和草的时候，都用了"有"，但是方法一样吗？大家再想一想。

生1：我知道了，作者写草是"有……有……"，比如：有长有短，有宽有窄。

生2：作者写花的颜色时前面只用到了一个"有"字，后面加上了"的"字，比如："有红的、黄的、紫的、蓝的"。

师：大家的发现很有价值。作者的语言表达是有变化的，是丰富的，上面是"有红的、黄的"，下面是"有长有短"。如果让你用写花的方法写草，你会怎样写？

生：草的叶子各不相同，有长的、短的、宽的、窄的，有的还带刺。

师：真不错！你能用写草的方式写写花吗？

生：花儿有红有黄，有紫有蓝，形状有单瓣的、重瓣的，千姿百态。

师：多变的表达让文章更吸引人了。大家的表现很出色，值得表扬。

师：课文中写到了梨树、桃树、橘子树、柚子树，这些水果都吃过吧？

生1：吃过。我喜欢吃桃子，甜甜的。

生2：我喜欢吃橘子和柚子，酸酸甜甜，很爽口。

生3：我喜欢吃梨，它的水分很多。

师：它们的花朵是什么颜色的，见过吗？

生1：我见过梨花，白白的。

生2：桃花是粉红色的，橘子花和柚子花我没见过。

师：我们来看看图片，认识一下它们的花朵吧。（师出示四种果树的花朵图片。）

生：我知道了，橘子和柚子的花儿也是白白的，小小的。

师：刚刚我们学到了两种表达方法，我们可以选择一种来写一写这几种果树的花儿和果实。

课件出示 ⊖

在不同的时间里，它们开不同的花，＿＿＿＿＿＿＿，结不同的果，＿＿＿＿＿＿＿。

（生动笔尝试着表达，师巡视指导。）

师：我们来分享分享吧！

生：在不同的时间里，它们开不同的花，有白色的，有粉色的，有单瓣的、重瓣的。

师：很好。果实呢？

生：结不同的果，有甜的，有酸的。

师：这是味道，你把形状也说说，可以吗？

生：有的圆嘟嘟的，有的是椭圆形的。

师：大小呢？

生：有的大，有的小。

师：再说说颜色吧！

生：有的是黄色的，有的是粉色的，还有的是橙色的。

师：能连起来说说吗？

生：在不同的时间里，它们开不同的花，有白色的，有粉色的，有单瓣的、重瓣的；结不同的果，有甜的，有酸的，有大的，有小的，有黄色的，有粉色的，还有橙色的。

师：换一种表达方式，谁再来试试？

生：在不同的时间里，它们开不同的花，有白有粉，有单瓣有重瓣；结不同的果，有酸有甜，有大有小，有黄有橙。

师：说得真好！这些表达方式都很精彩。同学们，在这篇《读不完的大书》中，我们不仅看到了有趣的动物，欣赏到了美丽的花朵，品尝到了美味的果实，还积累了不少词汇，也明白了词语要分类积累，收获可真不少呢！今天，王老师留给大家的作业有两个：一是朗读课文，感受大自然的乐趣，体会语言的生动；二是摘抄并积累好的词语和句子。这节课就上到这里，下课。

点评：《义务教育语文课程标准（2011年版）》提出："语文课程应引导学生丰富语言积累，培养语感，发展思维，初步掌握学习语文的基本方法。"该环节，教师引导学生学习语言的表达方式，通过对句式的训练，不仅帮助学生积累了生动的语句，还丰富了学生的表达。而且，课堂上充分体现了学生的主体地位。教师给予学生充足的时间，让他们在读中思，在思中想，在想中悟。这样的学习，处处体现着积累，时时关注着运用。

总　评

凸显编者意图，教学才更有效

李斩棘

王林波老师的这节课处处体现着课标理念，能充分理解教材编者的意图，能结合单元特点进行教学，是一节"出彩"的语文课。

一、充分了解编者意图，教学目标紧扣其中

本单元语文要素：感受课文生动的语言，积累喜欢的语句；留心生活，把自己的想法记录下来。显然，单元训练重点是"积累"与"运用"。该单元第一篇《大自然的声音》主要引导学生体会大自然声音的美妙，关注文中表示"声音"的词语。第二篇《读不完的大书》则要训练学生感受大自然的乐趣，体会生动的语言，关注文中"好玩"的词语和语句。这两篇课文虽然关注点不同，但教学目标都指向本单元语文要素。王林波老师充分理解了这一点，整节课，不管是对字词的学习、对课文生动语言的体会，还是学习句子的表达方式的练习等，处处关注了"积累"。如，引导学生对词语的恰当搭配、四字词语的探寻、词语之间的关系的发现，都在培养学生的"积累"意识，训练"积累"能力。

本单元"交流平台"中提示该单元还要教给学生学习"摘抄"，学会"归类摘抄"和写下自己的感受等。在教学设计中，王林波老师也将此训练贯穿始终。如，课件出示：小鱼、蚂蚁、麻雀……王林波老师就引导"大家根据我的提示读，水里游的——，天上飞的——，地上爬的——，所有的动物——，所有的植物——"这样的看似无意的教学其实已经悄悄渗透了"归类"的练习，为学生后面学会"归类摘抄"打下了基础。

二、关注学生实际情况，自主学习贯穿始终

王林波老师能充分了解三年级学生的年龄特点，把大量的时间节省下来留给学生，让学生充分地去感悟、思考、实践、运用。如，在学习

词语搭配的时候王林波老师引导："恰当的搭配能够让表达更加生动，课文第一段中就用到了好多搭配恰当的词语，我们读一读第一自然段，看看你们能不能发现？"这样的问题极具开放性，让学生自己去发现，去寻找学习的方法，学生在"潜心读文""静心聆听"中发现语文学习的奥秘。

再如，这节课是第一课时，语文课第一课时的教学如何教得精彩一直是广大教师所困惑的，这节课，王林波老师依然将字词的学习进行得扎实有效。从导入课题板书"读"时就开始进行了写字指导，指导学生学写"麻、蚂、蚁"时更是细致，并给了学生当堂写字的时间，很是难得。

当学生的归类摘抄能力不能一时形成时，教师"导"的作用又体现十足。如，王林波老师问："如果要摘录'勇敢忠贞的蚂蚁'，应该跟我们刚刚摘录的哪些词语写到一起呢？""请大家把这些词语也摘录下来，注意搭配恰当的词语要和四字词语分开来摘录。"就这样一步步教，学生的能力在一点点形成，潜移默化，水到渠成。

三、关注语言文字的运用，课堂教学扎实有效

这是一节扎实有效的语文课，主要体现在教师对学生的训练扎实到位，上出了极浓的语文味。崔峦先生指出，阅读教学要让学生习得方法。王林波老师的这节课充分落实了新课标中提倡的"语文课程致力于培养学生的语言文字运用能力"的理念。例如：在学习作者的表达方法时，王林波老师一再追问："作者写花和草的方法是不一样的，你们发现了吗？""作者写花和草的时候，都用了'有'，但是方法一样吗？大家再想一想。""作者的语言表达是有变化的，是丰富的，如果让你用写花的方法写草，你会怎样写？""你能用写草的方式写写花吗？"多变的表达方式让文章更吸引人，多种方式的语言文字的训练让阅读与表达并重，这样"润物无声"的教学风格也让王林波老师的课堂教学更加精彩。

王林波老师的课正如他在他的书中谈到的：识体而教，凸显文体特征；指向语用，提升语文素养。

第二辑

童话教学

发现表达秘妙　讲好童话故事

——《蜘蛛开店》教学实录及点评

（统编版小学语文教材二年级下册第七单元）

点评：鱼利明（全国小语十大青年名师）

单位：新疆乌鲁木齐市教研中心

一、谜语引入，激发兴趣

师：同学们，今天王老师为大家带来了几位动物朋友，大家想不想认识？

生齐：想。

师：这几位动物朋友想让大家猜一猜它们是谁，大家猜对了，它们就会来到大家眼前。我们先来猜猜第一位吧：叫马不是马，有张大嘴巴，经常在水里，样子挺可怕。这会是谁呢？

生：河马。

师：为什么是河马呢？

生：因为河马嘴很大，而且就是生活在水里的。

师：来，我们看一看对不对。（课件出示河马图片。）

师：河马的嘴巴果然很大，我们再来读一读它的名字。

生齐：河马。

师：第二位动物朋友是谁呢？我们来继续猜猜看：一物生来强，每天织网忙，织完静静坐，专等蚊虫撞。

生：蜘蛛，因为它每天吐丝织网。

（课件出示蜘蛛图片，生认读词语：蜘蛛。）

师：蜘蛛是一种昆虫，所以我们看到："蜘"的左边是虫字旁，右边一个"知道"的"知"；"蛛"的左边也是虫字旁，右边是一个"朱"。（师边讲解边板书"蜘蛛"。）

师：第三位朋友是谁呢？我们来看看吧：身子分成节，全身长满脚，虽然会伤人，用它能做药。

生1：蜈蚣。

生2：我发现蜈蚣也是昆虫，"蜈蚣"两个字也都是虫字旁。

师：很好！我们赶快请出最后一位吧：头小四腿长，脖子高过房，身穿花皮袄，不声又不响。

生：这个是长颈鹿，它的脖子特别长。

师：我们再来读读这四位朋友的名字吧！

生齐：河马、蜘蛛、蜈蚣、长颈鹿。

师：同学们，今天我们学习的课文是《蜘蛛开店》。蜘蛛在开店，蜘蛛就是这个店的什么？

生：店主。

师：河马来买东西，河马就是——？

生1：顾客。

生2：长颈鹿、蜈蚣也是顾客。

师：同学们，你们也一定当过顾客，去买过东西，卖文具的店叫什么？

生：文具店。

师：卖水果的是——？

生：水果店。

师：卖蔬菜的是——？

生：蔬菜店。

师：卖水果和蔬菜的是——？

生：蔬果店。

师：请同学们伸出手，跟老师来写"店"字。上面一个"广"字，下面一个"占"字，"广"字要覆盖住下面的"占"字，因此横和撇都要长一些。（师在田字格中范写"店"字。）

师：今天蜘蛛要开店，它会卖些什么呢？能卖得出去吗？我们来学习课文。

二、学习字词，整体感知

师：请同学们打开课本，自由读一读这篇课文，注意把字音读准，把句子读通顺，想一想蜘蛛都卖了什么？卖得怎么样？

（生自由读课文。）

师：王老师要表扬大家，刚才读得非常专心。这篇课文中有一些词语不太好读，我们来试着读一读。

生：寂寞、无聊。

师：你们有过寂寞的感觉吗？

生1：妈妈去买菜了，我在家里一直待着，好寂寞。

生2：爸爸妈妈在玩手机，我一个人在写作业，我感觉很寂寞。

师：我们看第二个词——无聊，是什么感觉？

生1：妈妈什么都不让我玩的时候，我干坐在那里，很无聊。

生2：有一次我在家里，妈妈出去买菜了，我把作业写完了，在家里没事干，就特别无聊。

师：如果要表达特别寂寞、特别无聊的意思，你会在这两个词语前面用哪个字或者词语？

生：很寂寞，很无聊。

师：特别好，这个"很"字用得不错。还可以怎么说？

生1：十分寂寞，十分无聊。

生2：超级寂寞，超级无聊。

生3：非常寂寞，非常无聊。

生4：好寂寞，好无聊。

师：咱们一起来读一读。

（课件出示：好寂寞、好无聊。生齐读。）

师：我请一个同学站起来，把自己刚才那种寂寞的感受带上，来读一读。

（生带感受读词语。）

师：对，就是这种感觉。放到句子中，你再来读一读。

课件出示 〇

有一只蜘蛛，每天蹲在网上等着小飞虫落在上面，好寂寞，好无聊啊。

（多生有感情地朗读。）

师：同学们，我们继续认读词语，这两个词语谁会读？

生读：决定、商店。

师：非常好，大家有没有去商店买过东西？

生：有过。

师：我们知道，那种比较小的店铺，我们管它叫作商店；特别大的，售卖的东西品种非常多的，那就不能再叫商店了，可以叫——？

生：商场。

师：同学们，这个"商"字怎么写才好看呢？王老师先写，我写到最容易错的地方停下来，大家一会儿提醒我。（师在田字格中书写"商"字的前六笔。）

师：接下来就到了最容易出错的地方了，谁能提醒提醒我？

生：下面是一个小小的八，然后一个口。

师：这里就像商店的门，挂上一个小窗帘，我们揭开门帘就进去了。（师在田字格中书写完"商"字剩余的五笔。）

师：卖东西的店铺叫商店，卖的东西叫作什么呢？

生：商品。

师：卖东西的人有时候我们会管他叫——？

生：商人。

师：数学里也有这个字，会出现在哪里？

生：算除法的时候。

师：我们再来看看另外一个词——决定。在写"决"字的时候请注意，左边是两点水，一定要看清楚了；右边注意，竖撇要长，捺要舒展。"定"字上边的宝盖头要盖住底下的部分，撇和捺要舒展。（师在田字格中范写"决定"。）

师：拿出你们的笔，在课后的田字格里，我们把"商店、决定"都来描一描，写一写。

（生书写，师巡视指导，交流点评。）

师：同学们，刚刚我们认读的这四个词是有关系的，联系课文内容，谁发现了它们之间的关联？因为蜘蛛……，所以……

生1：因为蜘蛛很寂寞，很无聊，所以它决定开一家商店。

生2：因为蜘蛛非常寂寞、无聊，所以它决定开一家商店。

师：我们再来读一读课文中这个带有"决定"和"商店"的句子——

课件出示 🌓

蜘蛛决定开一家商店。

（生齐读。）

师：蜘蛛决定开一家商店。"决定"这个词，你们都知道意思吧？想想看，你们决定干过什么？或者做过哪些决定？

生1：我决定在素质达标前，一定把跳绳练好。

生2：我决定回家先写作业再看书。

生3：我决定先写数学试卷，再写语文作业。

生4：我决定今天回家，一鼓作气把作业写完。

师：说得真好，我们继续看下一组词语，谁会读？请举手。

生：口罩、围巾、袜子。

师：声音非常响亮，老师要表扬。商场、商店都可以卖这些东西，我们在前面加一个卖字，谁还会读？

生：卖口罩、卖围巾、卖袜子。

师：大家刚刚读了课文，有没有注意这些事儿是谁干的？能不能连起来说一说？

生：蜘蛛第一次卖了口罩，第二次卖了围巾，第三次卖了袜子。

师：非常棒！我们再读一个词串，谁会读？请举手。

生：织起来很简单。

师：谁能把这两组词连起来说一说？

生：蜘蛛要卖口罩，因为口罩织起来很简单；蜘蛛要卖围巾，因为围巾织起来很简单；蜘蛛要卖袜子，因为袜子织起来很简单。

师：非常棒！他是分开来说的，谁合并起来说一说？

生：蜘蛛决定要卖口罩、卖围巾、卖袜子，因为它觉得这三样东西织起来很简单。

师：我们把刚刚认读过的词语放到一起读一读——

课件出示 ○

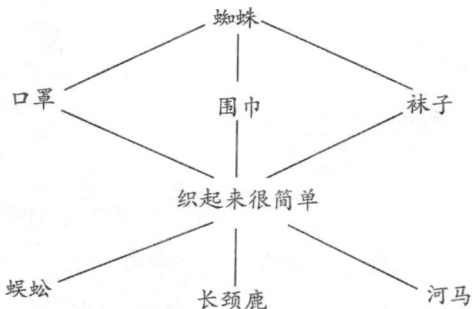

师：这些词语可都是有关系的。我可以这样说：蜘蛛想卖口罩，因为它觉得织口罩非常简单。但是它遇到了河马。河马的嘴实在太大了，它用了一天的工夫才把这个口罩织完。谁能像老师这样说一说第二组词语。

生：蜘蛛决定卖围巾，因为围巾织起来很简单。蜘蛛不幸地遇到了长颈鹿，长颈鹿的脖子那么长，蜘蛛足足织了一个星期。

师：真好，最后一组谁来试试？

生：蜘蛛决定卖袜子，因为袜子织起来很简单。可它不幸遇到了蜈蚣，蜈蚣有四十二只脚，结果它吓得跑回到网上去了。

三、发现表达特点，练习讲好故事

1. 细读卖口罩的部分，梳理表达顺序。

师：同学们，我们先来仔细读一读蜘蛛卖口罩的这部分内容，也就是课文第二至四自然段。我们请三位同学来分段读。

（一生读第一自然段。）

师：读了这一段，你知道了什么？

生：蜘蛛要卖口罩。

（师板书：想卖什么。）

（一生读第二自然段。）

师：掌声送给她，读得真好。有没有同学听出来了，蜘蛛又干了什么事儿？

生：写了个招牌。

（师板书：写好招牌。）

（一生读第三自然段。）

师：读了这一段，你又知道了什么？

生：我知道河马来买口罩了，可河马嘴巴太大，蜘蛛织了一整天才织完。

（师板书：顾客是谁、结果怎样。）

师：作者在写这个故事的时候，思路很清楚，先写"想卖什么"，再写"写好招牌"，然后写"顾客是谁"，最后写"结果怎样"。现在谁能借助这几个关键词，讲一讲这个故事？王老师给大家一点儿时间，同桌两人互相练习讲一讲。

（生练习。）

师：哪位同学试着给大家讲一讲？

生：蜘蛛决定开一家店，卖什么好呢？就卖口罩吧，口罩织起来很简单。蜘蛛找到了一间小木屋，在小木屋上写好了招牌，上面写着："口罩编织店，每位顾客只需付一元钱。"这时候，顾客来了，是一只河马，河马嘴巴那么大，蜘蛛足足用了一天的时间，终于把口罩织完了。

师：借助几个关键词，这位同学讲得不错。我们提升一下难度，只看课文插图，谁会讲？

生：蜘蛛想开一家商店。它心想，卖什么好呢？就卖口罩吧，于是，它找到了一间小木屋，在木屋上面的招牌上写着："口罩编织店，每位顾客只需付一元钱。"顾客来了，是一只大河马。它的嘴巴那么大，蜘蛛足足用了一天的工夫才织完。

师：也不错，下面同桌两个人再互相讲一讲，可以借助关键词，也可以借助课文插图，开始吧。

（同桌互相讲这部分故事。）

2. 自读卖围巾的部分，学习作者的表达方法。

师：刚刚蜘蛛遇到了河马，河马的嘴那么大，织起口罩来确实不容易。接下来蜘蛛遇到的是长颈鹿，又会发生怎样的故事呢？我们赶快来读一读。

（生自读这部分内容。）

师：这次蜘蛛想卖的是——？

生：围巾。

师：蜘蛛在招牌上写了什么？

生：围巾编织店，每位顾客只需付一元钱。

师：来的顾客是长颈鹿，结果怎样？

生：蜘蛛织了一个星期。

师：大家把长颈鹿的这一部分内容跟河马的那部分内容比一比，你们发现了什么？

生：都先说了蜘蛛想卖什么，写了什么样的招牌，然后写哪个顾客来了，结果怎样了。

师：是啊，作者写故事的方法是一样的。看来讲这部分故事，我们也能借助刚才的几个关键词。谁来试着讲一讲这部分故事的内容？

生：蜘蛛决定卖围巾，它找到了一间小木屋，做好了招牌，上面写的是："围巾编织店，每位顾客只需付一元钱。"这时，顾客来了，这位顾客是一只脖子很长很长的长颈鹿。结果蜘蛛织了一个星期，才织好了长颈鹿那条长长的围巾。

师：不错，掌声送给他。还有谁想讲？这次没有关键词的提示，只有插图，怎么样？

生：蜘蛛想开一家商店。卖什么好呢？就卖围巾吧。蜘蛛找了一间小木屋，上面写着："围巾编织店，每位顾客只需付一元钱。"第二位顾客是长颈鹿，长颈鹿的脖子好长啊。蜘蛛足足用了一个星期，才织好了那条长长的围巾。

师：特别好，掌声送给他。下面我们把河马和长颈鹿两部分合起来，借助插图，谁来试着讲一讲？

生：蜘蛛想开一家商店。卖什么好呢？就卖口罩吧，因为口罩织起来特别简单，于是，它就找到了一间小木屋，找了一个牌子，上面写着："口罩编织店，每位顾客只需付一元钱。"于是它就把这个招牌挂在了它的门上。顾客来了，是一个大河马。河马的嘴巴那么大，蜘蛛为河马织口罩，足足用了一天的工夫才织完。晚上它想：我还是织围巾吧，因为围巾织起来特别简单。于是，第二天早晨，它把招牌换了，上面写着："围巾编织店，每位顾客只需付一元钱。"顾客来了，只见它是一个脖子长长的长颈鹿。蜘蛛为长颈鹿织围巾，足足用了一个星期才织完，它累得趴到了地上。

师：掌声送给他。同学们，刚才我们找到了这两个故事的相同之处，把故事清楚地讲出来了，值得表扬。大家有没有留意，在写长颈鹿的时候，长颈鹿脖子长的特点写得很清楚，谁读给大家听听？

生：只见身子不见头。蜘蛛向上一看，原来是一只长颈鹿，它的脖子和大树一样高，脑袋从树叶间露出来，正对着蜘蛛笑呢。

师：你看，是不是把长颈鹿的样子写得特别清楚？我们知道，河马也很有特点，嘴巴非常大，但作者没有写出来，你能不能用自己的语言写出河马嘴的大这一特点来？

课件出示 ●

顾客来了，只见_____。原来是一只河马，河马嘴巴那么大，_____，河马正_____。

（生练习写，师巡视。）

师：谁来读读自己写的内容，让我们也感受到河马的嘴很大。

生1：顾客来了，只见嘴巴不见身子。原来是一只河马，河马嘴巴那么大，足足可以吞下十个大西瓜。

生2：顾客来了，只见大嘴巴不见头。原来是一只河马，河马嘴巴那么大，足足能吞下一百个馒头。

生3：顾客来了，只见嘴巴不见身体。原来是一只河马，河马嘴巴那么大，把它那壮壮的身体挡住了，河马正在对蜘蛛点头呢。

师：河马的嘴巴好大啊，如果让我来给它织口罩，我呀，宁愿关门歇业了。

（生大笑。）

师：同学们，大家不仅读了故事，讲了故事，还发挥了自己的想象，让故事变得更有意思了，你们的表现非常好。蜘蛛后来还会遇到谁呢？结果又如何呢？我们下节课继续学习。最后，留给同学们作业：书写这课的生字，讲一讲我们学的两部分故事，同时给大家推荐一本书——《课本里的名家名作——蜘蛛开店》。这本书里有很多有趣的故事，课后去读读吧。

点　评

在情境中学童话

鱼利明

低段示范课是大多数男教师都不愿涉足的"雷区"，很难想象一个中年男教师能将低段课上得如此精彩，无疑，王林波老师做到了。在情境中学童话，在我看来是最值得赏析的地方。

一、在情境中学习生字

低年级识字教学的目标，首先是要让学生"喜欢学习汉字，有主动识字的愿望"，因为有了这种喜欢和愿望，才可以让学习汉字变得更轻松，更"有意思"。传统的语文课上，老师们习惯在初读后，呈现满屏的生字词让学生认读，或"开火车"或小老师领读。这一环节在简单重复、机械乏味的认读中完成，脱离了语境，毫无生趣。陶行知先生说："学生有了兴趣，就肯用全副精神去做事，学与乐不可分。"低年级的语文教学，要力求做到有情有趣，要创设丰富多彩的教学情境，激发学生学习生字的饱满热情。要培养学生识字的兴趣和主动识字的意愿，就要把生字巧妙地装进情境中，尤其是故事性的文本。先来看看王林波老师创设的情境问题："同学们，今天王老师为大家带来了几位动物朋友，大家想不想认识？""蜘蛛在开店，蜘蛛就是这个店的什么？""河马来买东西，河马就是——？""同学们，你们也一定当过顾客，去买过东西，卖文具的店叫什么？""你们有过寂寞的感觉吗？""大家有没有去商店买过东西？""蜘蛛决定开一家商店。'决定'这个词，你们都知道意思吧？想想看，你们决定干过什么？或者做过哪些决定？"这些问题之后很自然地引出了"蜈蚣""长颈鹿""顾客""寂寞""商店""决定"等生字词，在故事情境中，识字也在悄然进行。

其实童话本身具有很强的情境性，这些生字也将故事串联在了一起，消解了学生和文本的距离，同时也让学生在潜移默化地学习中感知了童话的语言特点。这种巧妙的带入能让学生将生字牢牢掌握。

二、在情境中发展思维

言语和思维是紧密相连的，言语训练的过程也是思维训练的过程。低年级学生的口头言语多，规范性言语少，但这个年龄段的学生却有着强烈的表达欲望，所以这是提高言语能力的重要阶段。当然发展学生言语的关键不是让学生强记大量的词汇，而是鼓励学生调动形象思维，基于课本、结合生活情境，举一反三、触类旁通。教师要在言语的连贯、生动和多样化上给以帮助。在这一关键点上，王林波老师的课亮点频出，例如片段一：

师：同学们，今天我们学习的课文是《蜘蛛开店》，蜘蛛在开店，蜘蛛就是这个店的什么？

生：店主。

师：河马来买东西，河马就是——？

生1：顾客。

生2：长颈鹿、蜈蚣也是顾客。

师：同学们，你们也一定当过顾客，去买过东西，卖文具的店叫什么？

生：文具店。

师：卖水果的是——？

生：水果店。

师：卖蔬菜的是——？

生：蔬菜店。

师：卖水果和蔬菜的是——？

生：蔬果店。

这一段教学，故事中的角色得到了明确，生活中的常识经过了拓展，重要的是言语在思维训练中变得丰富。再看片段二：

师：你们有过寂寞的感觉吗？

生1：妈妈去买菜了，我在家里一直待着，好寂寞。

生2：爸爸妈妈在玩手机，我一个人在写作业，我感觉很寂寞。

师：我们看第二个词——无聊，是什么感觉？

生1：妈妈什么都不让我玩的时候，我干坐在那里，很无聊。

生2：有一次我在家里，妈妈出去买菜了，我把作业写完了，在家里没事干，就特别无聊。

对于"寂寞"的理解王林波老师没有机械套用，而是调动学生内心感受，再现生活场景，寓言语表达中明确词义。再看片段三：

师：蜘蛛决定开一家商店。"决定"这个词，你们都知道意思吧？想想看，你们决定干过什么？或者做过哪些决定？

生1：我决定在素质达标前，一定把跳绳练好。

生2：我决定回家先写作业再看书。

生3：我决定先写数学试卷，再写语文作业。

生4：我决定今天回家，一鼓作气把作业写完。

这一教学片段，已不仅仅是表达与思维的结合，还有情感、态度与良好习惯的培养，可谓一举多得。

统编版低年级小学语文教材选文，其内容和形式富于形象性。因此，要站在学生的立场上，要在情境创设中培养学生的形象思维能力。重视观察、动脑、张口，使学生的学习活动处于积极思维状态，敢想、敢说的状态，从而有效地提高言语表达能力训练的水平，做到思维与言语统一发展。

三、在情境中练习表达

故事性文本在低年级教材中占据主要地位，研读教材后，我们不难发现课后习题其实隐藏着一条能力训练的线——如何讲好故事。虽然教材中提供了多种易教便学的支架：插图、关键词、表格、思维导图等，但教师如何用好支架教，从而让学生能够用好支架学，真正掌握讲故事的能力，依然值得我们研究。王林波老师这节课给了我们很好的示范——谁能梳理表达顺序，借助关键词讲故事。看似简单，却很实用。他先以讲第一位顾客河马为例："作者在写这个故事的时候，思路很清楚，先写'想卖什么'，再写'写好招牌'，然后写'顾客是谁'，最后写'结果怎样'。现在谁能借助这几个关键词，讲一讲这个故事？"接着，让学生"把长颈鹿的这一部分内容跟河马的那部分内容比一比，你们发现了什么?"同样可以用上第一部分的方法去讲故事。其实在很多童话故事中都有这样的"反复",王林波老师是一位智者,他深谙此理,却让学生去发现,将惊喜留给一双双闪亮的慧眼。

在完成课后习题的口头表达之外,王林波老师还进行了"加量"的训练,即书面表达。来看片段:

师:谁来读读自己写的内容,让我们也感受到河马的嘴很大。

生1:顾客来了,只见嘴巴不见身子。原来是一只河马,河马嘴巴那么大,足足可以吞下十个大西瓜。

生2:顾客来了,只见大嘴巴不见头。原来是一只河马,河马嘴巴那么大,足足能吞下一百个馒头。

生3:顾客来了,只见嘴巴不见身体。原来是一只河马,河马嘴巴那么大,把它那壮壮的身体挡住了,河马正在对蜘蛛点头呢。

师:河马的嘴巴好大啊,如果让我来给它织口罩,我呀,宁愿关门歇业了。

口头表达与书面表达在情境中交互使用,却始终围绕着文本特点,是拓展延伸,更是精准解读和创造性地使用教材。扎实的训练将为后续以讲故事为训练目标的课文的学习做好了铺垫。当然,教师不要拘泥于只有在课后练习中给出明确要求,在课文学习中也要进行讲故事的训练。其实,所有故事性的文本都可以讲一讲,旨在使学生深入理解文本,提高他们把握文章主要内容的能力,发展思维能力。

童话伴随着孩子一同成长,童话选文也贯穿在小学六年的统编版小学语文教材中。在情境中学童话,让课堂充满活力,让文字变成画面,应是你我共循的方法。

感受奇妙的想象　讲述好玩的故事

——《当世界年纪还小的时候》教学实录及点评

（统编版小学语文教材二年级下册第八单元）

点评：曹爱卫（全国名师）

单位：浙江省杭州市下城区教师教育学院

一、导入新课，激发兴趣

师：同学们，你们现在几岁了？

生：我七岁，我们班还有的同学八岁。

师：说说看，当你们年纪还小的时候，你们学过什么本领？有过哪些有趣的经历？

生1：我小时候学走路，走着走着就转着圈摔倒在地上了。

生2：我小时候学背古诗，每次背过后，再过上半天，就只能想起来最后一句，前面的都忘了。

生3：我小时候学开卡丁车，结果直接撞到了墙上，幸亏有安全带，否则我肯定就被甩出来了。

生4：我小时候学骑自行车，不停地在原地转圈，结果把自己转晕了。

（生笑。）

师：我们在学本领的时候，经历了太多好玩的事情。同学们想象一下，当太阳还小的时候，可能会学干什么？

生：发光。

师：月亮会学干什么呢？

生：学变吧，一会儿变成圆的，一会儿变成弯的。

师：你们觉得流水会学干什么？

生：流动。

师：星星呢？

生1：学怎么眨眼睛。

生2：学怎么发光。

师：小鸟会学干什么？

生1：学飞行。

生2：小鸟学抓虫子。

师：青蛙会学干什么？

生1：抓害虫。

生2：学跳跃。

生3：学习呱呱叫。

师：树木会学干什么？

生1：往高生长。

生2：学站立。

师：今天我们学习的这篇文章很有意思，题目是《当世界年纪还小的时候》。"世""界"这两个字都是这一课的生字。我们来观察一下"世"字，三个竖画的长短、高低、间距有什么特点？

生：三个竖画高低不同，两边的低一些，中间的高一些，之间的距离要均等。

师："世"的第一笔横要长一些，然后写两个竖，注意保持一定的间距，再用一个小短横把它们连接起来。注意，最后一笔是——？（师边示范书写边讲解。）

生：竖折，这个竖要矮一些。

师：对了，这个竖折的竖要矮一些，折画折过来也不要超过上面的横。这就是"世"。再看"界"字，上面是一个"田"字，田字两边向里斜，下面的撇和捺不交叉，最后的两笔是撇和竖，注意由重到轻，要出锋。请同学们拿出笔，在书上写一写。注意坐姿要端正，这很重要。

（生练习书写，师巡视指导。）

二、学习字词，整体感知

师：同学们，当世界年纪还小的时候会发生哪些故事呢？现在就让我们打开课本，自由读一读这篇课文，注意读准字音，读通句子，同时想一想，课文中都写到了谁，它在学习干什么？

（生自读，师巡视。）

师：我们班同学读得非常专心，还有很多同学带着思考，边读边勾画，值得表扬。这篇课文中有很多词语不好读，我们一起来看看，这三个词谁会读？

生：敏感、粗糙、秩序。

师：我们把"敏感"和"粗糙"放到句子中，谁还能读？

生：它粗糙的声音，把这个敏感的新世界吓坏了。

师：真好，非常流畅。我们一起来读。

（生齐读句子。）

师：我们再来读两个带有"秩序"的句子。

生：这世界还相当有秩序……

师：表扬你，把词语放到句子中依然读得非常好。下面这个带有"秩序"的句子有些长，读的时候要注意停顿，谁来试着读一读？

生：只要万物都做它最容易做的事，这世界就有秩序了。

师：总体不错，就是漏了一个字，再来试着读一读，争取不漏字。

生：只要万物都做它最容易做的事，这世界就很有秩序了。

师：表扬你，进步很大。这个句子很长，要反复练习读才能读好。我们再来读一个比较长的句子，谁来试试？看看能不能做到停顿恰当，并且不漏字也不加字。

生：每样东西只要弄明白自己做什么最容易就行了。

师：真不错，我们一起来读读这两个比较长的句子，想一想怎样停顿更好，同时注意不加字不漏字。

（生齐读两个句子。）

师：这句话说"弄明白"，你知道"弄明白"是什么意思吗？

生：就是弄清楚了。

师："弄"是咱们要学习的一个生字，上面是一个"王"字，下面的横要稍长一些，最后的撇和竖都要注意由重到轻，写出笔锋来。大家拿出笔来练习练习吧。（师边范写边讲解。）

（生练习书写，师巡视指导。）

师：我们来看看第二组词语，谁来读？

生：简单、成功、譬如、必须。

师：读得真好！同学们看"简单"这个词，我说不简单你想到了哪个词？

生：困难。

师：也就是说简单的反义词就是困难。再看"成功"这个词，没有成功就是——？

生：失败。

师：成功的反义词就是——？

生：失败。

师：刚刚我们不仅会读了几个词语，还积累了好几组反义词，表扬同学们！这一组词语中还有一个"必须"，你能换一个词吗？

生：一定。

师：看到"譬如"，你想到了哪个词？

生：比如。

师：我们来读读这句话。

生：譬如说唱歌，它粗糙的声音，把这个敏感的新世界吓坏了。

师：谁能把刚刚你想到的词换到这句话中读一读？

生：比如说唱歌，它粗糙的声音，把这个敏感的新世界吓坏了。

师：表扬这位同学，读得很好。大家发现了吗？通过换词，我们就能理解一个词的意思。还有这句话，你能不能换词来读一读？

课件出示 ⬤

当世界年纪还小的时候，每样东西都必须学习怎么生活。

生：当世界年纪还小的时候，每样东西都一定要学习怎么生活。

师：真好，这位同学把"必须"换成了"一定"，读着读着就理解了"必须"的意思。同学们，你们现在这个年龄，必须要学的是什么？你们可以用上"必须"来说，也可以用上"一定"来说。

生1：我们必须学习体育运动。

生2：我们一定要学习语文、数学、英语等课。

生3：我们一定学习音乐、美术。

生4：我们必须学会自己穿衣服，自己吃饭，自己写作业。

师：同学们，刚刚你们读课文都很认真，有没有注意到一些重要的信息，比如课文中都写到了谁，它在学习什么？

生1：太阳在学上山下山，学发光。

生2：月亮学习的是不断变化。

生3：水在学习流动。

师：所有同学看黑板，老师来读前面的事物，你们来读它所学的本领。

（师生合作读，师读太阳、月亮等事物名称，生读它们所学的本领。）

师：大家发现了吗，虽然说这篇文章的内容特别神奇，读起来很有意思，但作者在写的时候依然注意了让事物学的本领和事物有——？

生：关联。

师：你能具体说说吗？

生：太阳学发光，学早上升起来，晚上下山；月亮学习变圆变缺；水呢，是在学流动，跟我们看到的世界是一样的。

师：是啊，作者写的文章特别有趣，但感觉又特别合理。

三、学习课文，感受童趣

1. 学习太阳的部分，感受丰富的想象。

师：咱们先来看看太阳是怎么样学习的。大家找一找课文中哪一段是写太阳的？

生：第二自然段。

师：请同学们自己读一读这一段，想一想太阳是怎么学本领的。

（生自由读这一段话，思考。）

师：这一段大家读完了，谁来说说太阳学的本领是什么？

生：发光，上山下山。

师：课文中是怎样写的，谁读给大家听？

生：太阳开始学发光，学着怎么上山下山。它也试过做别的事，但是都没有成功。譬如说唱歌，它粗糙的声音，把这个敏感的新世界吓坏了。

师：读得真不错。大家看，太阳除了学习发光和上山下山，它也学做过别的事。发挥你们的想象，想想太阳还学过做什么事？除了课文中写到的唱歌，还可能学过什么？

生：太阳有可能跟月亮一样，学习不断变化，一会儿变圆，一会儿变缺。

师：幸好没有学会，否则现在我们看到的可就不是一轮红日了，而是一弯红日了。太阳还可能学过什么？

生1：有可能学过跳舞，但因为又圆又胖，跳起舞来实在太难看了。

师：太阳圆圆的，我看挺适合学习滚动的。

（生笑。）

生2：还有可能学过像星星一样眨眼睛。

生3：还有可能学过画画，不过画的树叶和草原都是红的。

师：太阳可能学过很多，但最终都——

生：失败了。

师：太阳学唱歌，它粗糙的声音，把这个敏感的新世界吓坏了。这句话中说到了粗糙的声音，你们知道是什么样的吗？我请一位女生读读这句话，看看她的声音是怎样的。

（一位女生读这句话。）

生：这位女生的声音很清脆，很好听，不是粗糙的。

师：太阳唱歌的声音可不是这样清脆，这样好听的，它的声音是粗糙的，谁知道粗糙的声音可能是什么样的？能不能读一读这句话，让我们感受一下？

（一位男生读这句话。）

师：粗糙的声音就是这样。所以呢，它没有学成功，它把这个敏感的新世界吓坏了。刚刚大家也说到了太阳学习的很多本领，比如画画、跳舞等，都失败了。谁能像课文中的这句话一样，把太阳失败的原因说清楚？

生1：譬如说学跳舞，它圆滚滚的身子四处晃动，把这个敏感的新世界吓坏了。

生2：譬如说学画画，它画出来的画全是红色的，好像流血了，把这个敏感的新世界吓坏了。

师：太阳要画树叶，红叶；要画流水，红水；要画人，红人。所有的东西都是红的，真的把这个世界吓坏了。

（生笑。）

生3：譬如说学隐身，它明亮的身体根本不适合，隐藏到哪里都那么显眼，把这个敏感的新世界吓坏了。

生4：譬如说学开车，它圆滚滚的身体刚一进到车里就把汽车烧着了，把这个敏感的新世界吓坏了。

师：太阳学的本领可真够现代化呀！这些本领它都没有学会，所以它最终学会了——？

生齐：发光和上山下山。

2. 学习月亮的部分，感受表达的有趣。

师：同学们，刚刚学习了课文中写太阳学本领的部分，我们感受到了想象的丰富，很奇特。其实，课文中写月亮学本领的部分也非常好玩，赶快来读一读。

（生自由读。）

师：谁有发现了？来，读给大家听，让我们也感受感受这好玩的情景。

生：月亮不知道自己该学些什么。学发光吗？白天它觉得这主意不好，晚上它又觉得这主意不错。它一直无法决定，只好反反复复，一下子变圆，一下子又变缺。于是它学会的是不断变化。

师：这月亮怎么像一个小孩一样善变，大家有没有这样的感觉？跟大家说说，你有没有这样变来变去的时候？

生1：我小时候妈妈一不在家我就哭闹，妈妈一回来我就笑起来了。

师：这是情绪的变化。

生2：我正玩得高兴时妈妈让我写作业，我就很生气。

生3：我一会儿喜欢乐高，一会儿又喜欢变形金刚，一会儿又喜欢小宠物。

师：真的是变化很多啊，这样变来变去的，如果用一个词语来形容，那就是——？

生：反反复复。

师："反""复"是我们这节课要学习的生字，王老师带大家写这个比较难写的"复"字。（师边范写边讲解。）大家注意，"复"字上面的短撇和横的位置比较高，中间部分不要太大，下边的撇和捺要舒展。来，大家拿起笔，也来练习练习。

（生练习书写，师巡视指导。）

师：同学们，你们看这个月亮呀，一会儿变过来，一会儿变过去，反反复复，结果最后学会的本领就是变化。还有很多事物也都很想学本领，但也都有些犹豫。我们来看张图片，这是什么？

生：星星。

师：你估计它一开始想学什么？结果它一会儿学什么，一会儿学什么，最终怎么样了？

生1：星星想学眨眼睛，也想学发光，结果它既学会了发光，又学会了眨眼睛，所以它现在会一边眨眼睛一边发光。

生2：我觉得星星肯定很爱睡懒觉，它一睡觉就闭上了眼睛，但它又想看到美丽的世界，所以又坚持睁眼，一闭一张，它就学会了眨眼睛。

生3：我觉得它应该想学跑步，可是它的身体太轻了，一跑起来就飞到了天上下不来了，所以一下一上，晃晃悠悠的，像是在眨眼睛。

师：我们再来看看这张图片，这是什么呀？

生齐：青蛙。

师：你们猜猜青蛙可能想学什么？又想学什么？也是反反复复的。

生：青蛙开始想学跑步，但它的腿太长了，就学会了跳，后来它又跳到水里学游泳去了。

师：所以现在青蛙不仅学会了跳，还学会了游泳，真有意思。同学们，谁能把星星和青蛙这两个事物学本领的情景连起来说成一个故事？这个故事最好奇妙又好玩。同桌两个人可以先练习着互相讲一讲。

（生练习。）

师：想讲星星的请举手，让我们听听星星学本领的故事是怎样奇妙又有趣的？

生1：星星不知道自己该学些什么。学眨眼吗？白天它觉得这主意不好，晚上它又觉得这主意不错。它一直无法决定，从早上想到了晚上。妈妈站在门口叫它："上学了，别睡觉了！"它就赶快把眼睛睁开了，妈妈一走，它又把眼睛闭上了，所以它就学会了眨眼睛。

生2：星星不知道自己该学些什么。学跑步吗？它的身体实在太轻了，它刚一跑，脚一蹬就飞到天上去了。但是它又一心想回到地面上跑步，于是就反反复复地挣扎，一会儿上，一会儿下，动来动去的，所以它学会了闪动。

师：说得挺好的，我们再来讲讲青蛙学本领的故事吧！

生1：青蛙不知道自己该学些什么。学游泳吗？白天它觉得这主意不错，晚上它又觉得这主意不好。它一直无法决定，只好反反复复，一下子学游泳，一下子学跳跃，于是它既学会了跳跃，还学会了游泳。

生2：青蛙不知道自己该学什么。学飞翔吗？它觉得自己没有翅膀飞不起来，又觉得自己的弹跳能力很好。它一直无法决定，只好一直试着飞上天空，一直跳，最后它的跳跃能力越来越强了。

师：接下来讲故事的难度要增加了，老师要请四位同学，一个人讲太阳，一个人讲月亮，一个人讲星星，一个人讲青蛙，我们把前半段故事连起来讲。排好队，一个讲完了另一个再上来。

生1：太阳开始学发光，学着怎么上山下山，它也试过做别的事，但是都没有成功。譬如说唱歌，它粗糙的声音，把这个敏感的新世界吓坏了。

师：很好，如果能用自己的话讲就更好了。第二位讲月亮的同学开始——

生2：月亮不知道自己该学些什么。学发光吗？白天它觉得这主意不好，晚上它又觉得这主意不错。它一直无法决定，只好反反复复，一下子变圆，一下子又变缺。于是它学会的是不断变化。

生3：星星不知道自己该学些什么。学眨眼吗？白天它觉得这主意不好，晚上它又觉得这主意不错。它一直无法决定，从早上想到了晚上。妈妈催它起床时，它就睁开眼睛，妈妈刚一走，它又把眼睛闭上了，所以它就学会了眨眼睛。

生4：青蛙不知道自己该学些什么。学游泳吗？白天它觉得这主意不好，晚上它又觉得这主意不错。它一直无法决定，反反复复。一会儿学游泳，一会儿学跳跃，于是它学会了游泳和跳跃。

师：掌声送给他们，这个故事越来越有趣了。同学们，当世界年纪还小的时候，太阳、月亮、流水等都在学习，作者的想象很奇妙，故事读起来非常有趣。老师推荐大家读一读《当世界年纪还小的时候》这本书。大家知道吗？这本书很受欢迎，已经出版了五十多个版本了，还加印了三十三次，不仅如此，这本书的文字作者和插画作者都荣获过安徒生奖。我们来看看这本书的目录，看看你最喜欢哪个故事。

生1：巨大的面包。

生2：上了锁的山。

生3：流浪的城市。

生4：一个大鸡蛋。

生5：动物的名字是从哪里来的。

师：这些故事看起来都很有趣，到底有多有趣呢？同学们有机会一定要去读一读。这节课我们就上到这里，下课。

点 评

把低年级阅读教学的根扎进课堂

曹爱卫

低年级阅读教学不是花的事业，不是果的事业，是根的事业。

低年级阅读教学的根有哪些？细读《义务教育语文课程标准（2011年版）》和统编版小学语文低年级教科书课后练习，我们不难发现：识字写字、练习流畅朗读、学习阅读、积累运用语言是低年级阅读教学的四大根系。

王林波老师对低年级阅读教学定位有着清醒的认识，凭借自己的教学智慧，把低年级阅读教学的根深深地扎进了课堂。

一、把"识字写字"的根扎进课堂

《义务教育语文课程标准（2011年版）》明确指出："识字写字是阅读和写作的基础，是第一学段的教学重点，也是贯串整个义务教育阶段的重要教学内容。"全国小语会前会长崔峦老师也在多个场合呼吁：识字写字是压舱石，低年级阅读教学要重视识字写字。

王林波老师把课标的要求和前辈的教导放在心里。《当世界年纪还小的时候》的课题里就有要认要写的两个生字"世""界"。有的老师会担心入课太慢，后面的内容太多，教学时间不够，对这两个生字的教学，就是让学生读一读，看老师写或拿出手指跟着老师书空一遍就过了。这样的教学，是浮在表面的，学生下了课，放了学，就全忘了。写的时候，因为没有细致观察，没有当场的练习和纠正，学生不清楚怎样才能写得美观，有的甚至连笔画、笔顺都出现错误，"画字"、写错字的情况频频发生。

王林波老师舍得在"识字写字"上花时间，下真功夫。以"世"字为例，王林波老师的教学一步一步，扎扎实实：先让学生观察一下"世"字三个竖画的长短、高低、间距的特点，然后老师范写讲解"世"字的第一笔横要长一些，两个竖注意保持一定的间距，连接的短横要小，还不忘强调最后一笔的特点"竖折里的这个竖要矮一些，折画折过来也不要超过上面的横"，最后才让学生拿出笔，在书上写一写，提醒学生注意坐姿要端正。再如"界"和"弄"字的书写，王林波老师引导学生体验用笔的轻重变化，努力写出笔锋："界"字最后两笔的撇和竖，是由重到轻，要出锋；"弄"字最后的撇和竖，都要由重到轻，写出笔锋。为什么王林波老师要一而再再而三地强调这些？中国人书写汉字，不仅仅是写正确、写端正，还要有追求"写美观"的心！这也是课标的要求。若每一课都有几个重点字，让老师这样耐心、细致地教，还用愁学生的字写不好吗？

生字的认读，王林波老师处理得也很得当，从学生认读、识记的难点词汇着手，一组一组突破。尤其是"简单、成功、譬如、必须"等词语，通过给"简单""成功"找反义词，给"譬如"找近义词，联系生活实际说说自己现在"必须"要学习的内容，把识记生字和理解字义融合在一起，简单而高效，把"识字写字"的根扎进了课堂。

二、把"流畅朗读"的根扎进课堂

低年级的学生识字量有限，良好的语感也在培养的过程中，所以，"学习用普通话正确、流利、有感情地朗读课文"是低年级阅读教学很重要的一个学习目标。

怎么学习朗读，这是很有学问的。有些老师的课堂上，处理得就比较简单，老师的一句导语可以从学期初用到学期末，从一年级第一篇阅读课文用到二年级最后一篇课文，这句导语就是"请小朋友打开语文书，借助拼音读一读课文，争取把课文读正确，读流畅"。老师此话一出，学生是会照做。可是，效果如何？尤其是朗读有困难的学生怎么办？一节课40分钟，时间有限，对于朗读困难的学生来说，或许一遍没读完，老师这边已经叫停了。

王林波老师对学情的把握是精准的。他知道一篇课文里，学生在朗读时，哪些地方会有困难，出现这种困难是因为句子中生字多不容易读准，抑或是句子长不容易读好。所以，他的朗读练习设计是有层次的、层层推进的。我们来看他朗读教学的步骤：

第一步，读准词语。"这篇课文中有很多词语不好读，我们一起来看看，这三个词谁会读？"着力解决"敏感、粗糙、秩序"三个难读词语的读音问题。

第二步，读好难句子。"我们把'敏感'和'粗糙'放到句子中，谁还能读？"着力指导学生读好有难读词语的句子。

第三步，读好长句子。"带有'秩序'的句子有些长，读的时候要注意停顿，谁来试着读一读？"着力指导学生读好长句子。

王林波老师很好地把识字、学词、读好句子整合在一起，把"流畅朗读"的根扎进了课堂。

三、把"阅读理解"的根扎进课堂

课标指出："阅读教学的重点是培养学生具有感受、理解、欣赏和评价的能力。逐步培养学生探究性阅读和创造性阅读的能力，提倡多角度的、有创意的阅读，利用阅读期待、阅读反思和批判等环节，拓展思维空间，提高阅读质量。"还要"在发展语言能力的同时，发展思维能力，激发想象力和创造潜能"。

低年级的阅读教学遵循阅读的一般规律，阅读教学需从"整体"到"部分"再回到"整体"。如此，学生才能看到文本所描绘的"森林"，欣赏文本中描写到的"树木"。不能一上来就直冲进去看"树木"，那样很容易迷失在"森林"里，虽然看到了"一棵棵树木"，但是不清楚整个文本这片"森林"的模样。

王林波老师对低年级阅读教学规律的把握也是非常准确的。他在指导学生识好字、读好文的基础上，让学生先从整体角度去观照文本："刚刚你们读课文都很认真，有没有注意到一些重要的信息，比如课文中都写到了谁，它在学习什么？"引导学生提取关键信息，了解课文主要内容。这是低年级阅读教学的重要内容。

"阅读理解"，还要深入语言，理解语言表达的意思。对于生活经验和阅读经验都比较缺乏的低年级学生来说，这是有一定难度的。教学时，老师只有从学生的已知出发，通过巧妙的学习活动设计或问题设计，让学生自己沉浸到语言的世界里，去体会、去感受、去领悟。

王林波老师在教学太阳学上山下山、学发光的部分，可谓匠心独具。他的教学步骤是这样的：

第一步，"请同学们自己读一读这一段，想一想太阳是怎么学本领的"。

第二步，"课文中是怎样写的，谁读给大家听？"

第三步，"太阳除了学习发光和上山下山，它也学做过别的事。发挥你们的想象，想想太阳还学过什么事？除了课文中写到的唱歌，还可能学过什么？"（结合理解"粗糙"一词）

第四步，粗糙的声音把这个敏感的新世界吓坏了。"刚刚大家也说到了太阳学习的很多本领"，"谁能像课文中的这句话一样，来把太阳失败的原因说清楚？"

这四个问题，组成了层层推进的问题串，让学生在读中想象，在想象中比较，在比较中理解，把"阅读理解"的根扎进了课堂。

四、把"语言积累和运用"的根扎进课堂

学习指向迁移，没有迁移的学习，不能指向真实生活的运用，不是真正的学习。

但语言的积累和运用在语文课堂上又不能像便利贴一样，想到了，这个环节贴一张，那个环节贴一张，这样是生硬的，教学效果差。语文课堂的语言积累和运用，应该如同水和乳的交融，你中有我，我中有你，因你让我更有滋味，因我让你更具神采。如此，才是好的课堂积累

和运用的设计。

王林波老师的这一课中，"语言积累和运用"的设计甚是精妙！

太阳学本领，他紧扣"譬如"一词，引发学生去想象——太阳还会学习哪些本领？学生的想象大胆而神奇，且看：

生1：太阳有可能跟月亮一样，学习不断变化，一会儿变圆，一会儿变缺。

生2：有可能学过跳舞，但因为又圆又胖，跳起舞来实在太难看了。

生3：还有可能学过像星星一样眨眼睛。

生4：还有可能学过画画，不过画的树叶和草原都是红的。

然后，王林波老师引导学生根据课文的语言图示来表达"谁能像课文中的这句话一样，来把太阳失败的原因说清楚"？因为有了学习的范本，学生的语言就有了质的提升。

生1：譬如说学跳舞，它圆滚滚的身子四处晃动，把这个敏感的新世界吓坏了。

生2：譬如说学画画，它画出来的画全是红色的，好像流血了，把这个敏感的新世界吓坏了。

生3：譬如说学隐身，它明亮的身体根本不适合，隐藏到哪里都那么显眼，把这个敏感的新世界吓坏了。

生4：譬如说学开车，它圆滚滚的身体刚一进到车里就把汽车烧着了，把这个敏感的新世界吓坏了。

后面的月亮、水学习本领部分的语言表达积累和运用也是如此。这样的语言积累和运用，是活的，是有生命力的，有助于学生阅读能力的提升，更有助于学生今后的表达能力的提升。王林波老师把"语言积累和运用"的根扎进了课堂。

当然，我们说没有哪节课是完美无缺的。《当世界年纪还小的时候》最大的特点是想象的奇妙，事实上，王林波老师整节课的教学，基本是围绕"想象"展开的，如果能把"想象"作为串联整节课的那条"金丝带"，或许这堂课会更有张力。

第三辑

诗歌教学

对比中品味用词　想象中感悟诗情

——《绝句》教学实录及点评

（统编版小学语文教材二年级下册第六单元）

点评：李斩棘（正高级教师）

单位：河南省商丘市基础教育教学研究室

一、复习导入，比较中了解"绝句"

师：同学们，上节课我们学习了宋代诗人杨万里的一首诗，题目特别长，谁还记得叫什么名字？

生：《晓出净慈寺送林子方》。

师：在这首诗中写到了荷叶的颜色，能不能读给大家听一下？

生：接天莲叶无穷碧。

师：还写到了荷花的颜色，是——

生：映日荷花别样红。

师：读了这首诗，我感觉杨万里不仅仅是一个诗人，更像是一个画家，因为他的诗中颜色特别丰富。今天我们还将学习一首诗，这首诗中的颜色比杨万里诗中的颜色还要多。我们要学习的是《古诗二首》中的第二首,叫什么名字?

生:《绝句》。

师:好,看老师写"绝"字。首先要写的是绞丝旁,注意绞丝旁最后一笔往上提,右边是"颜色"的"色"。一起读诗题。

生齐:《绝句》。

师:看看课件中出示的《绝句》,谁有问题要问吗?

课件出示

绝　句

[唐] 杜　甫

迟日江山丽,春风花草香。

泥融飞燕子,沙暖睡鸳鸯。

生:王老师,你好像弄错了,这首诗不是课本上的《绝句》。

师:打开你的课本对照一下,一样吗?

生:不一样。

师:诗题都是《绝句》,而且课件中的《绝句》跟课本里的《绝句》是同一个诗人写的,但是内容不同。我们来数一数每一行的字数一样吗?

生:不一样。

师:课件上的《绝句》每行是几个字?

生:五个字。

师:每行五个字,它可以称为五言绝句。我们课本中的这首《绝句》一行是几个字?

生:七个字。我知道了,可以叫七言绝句。

师:非常好,表扬你。今天我们要学的就是这一首七言绝句。

点评：教师首先回顾《古诗二首》中学习过的第一首古诗《晓出净慈寺送林子方》，点出荷花、荷叶的颜色丰富。又由一句要学习的古诗"颜色还要多"激起学生学习古诗的兴趣。该环节既巩固旧学又直击本首诗色彩明丽的特点，导入自然。紧接着引导学生质疑，自己发现问题，由"五言绝句"引出"七言绝句"，培养了学生的观察能力和思考能力。教学环节环环相扣，一步步引导学生自主发现诗的特点，设计可谓巧妙。

二、认读词语，引读中感受对仗

师：现在请同学们打开课本，自己练习读一读这首诗，注意按照自己的速度来读，读准字音，读通诗句，开始吧。

（生自己练习读古诗。）

师：刚刚大家读得非常认真，值得表扬。我们来看一看在诗中出现的这两个词，谁会读？

生：黄鹂、白鹭。

师：谁发现了这两个词语共同的地方？

生：它们都带有"鸟"字，而且它们的第一个字都表示颜色。

师：两个词语的最后一个字都带有"鸟"，一个在旁边，一个在底下。这两个词都跟什么相关？

生：鸟。

师：黄鹂和白鹭如果真的出现，你们能不能分得清楚？

生：能。

师：告诉大家，你通过看什么就分清楚了？

生：看它们的颜色。要是看见一只白色的鸟，应该就是白鹭；黄色的就是黄鹂。

师：其实听叫声也能分辨出来。我们来听听声音，看看接下来出场的到底是黄鹂还是白鹭？（师播放鸟鸣声。）

生：黄鹂。

师：我们都知道黄鹂是特别会唱歌的，它的声音很好听。来，我们再次读一读它们的名字。

生齐：黄鹂、白鹭。

师：白鹭有一个习惯，它们喜欢一群往一个方向飞。看看这幅图片，你们看到了什么？

生：白鹭飞的时候排列得很有规则。

师：诗中说一什么白鹭？

生：一行白鹭。

师：对，因为它们排着整齐的队伍，所以读"一行"（háng）。"行"是一个多音字，除了读"háng"还读作——

生：读作"xíng"。

师："xíng"可以组什么词呢？

生1：行走。

生2：行人。

师：非常棒。同学们，咱们一起来读。

生齐：一行白鹭。

师：你看蓝色的天空中，一行白鹭在向上飞，真美啊！用诗中的句子来说，那就是——

生：一行白鹭上青天。

师：同学们看看这幅图，这是一行什么？（师出示大雁图片。）

生：一行大雁。

师：这幅图上一行一行的是什么，可以怎么说？（师出示两行树木的图片。）

生：两行树木。

师：真好，大家不仅会读多音字"行"，还会运用，值得表扬。我们继续来读词语。这两个词语，谁来试着读一读？

生：翠柳、青天。

师：四个词连起来谁会读？

生：黄鹂、白鹭、翠柳、青天。

师：这四个词放在一块儿，每个词的第一个字都是颜色。请问"翠柳"的"翠"是什么颜色？

生：绿色。

师："青天"的"青"呢？

生：蓝色。

师：它们很有特点，全是颜色在前面。再来读读这些词。

生齐：黄鹂、白鹭、翠柳、青天。

师：这些词语大家都会读了，把它们放到诗句中，我跟同学们合作读。

（师和生对读，如：师读"两个黄鹂"，生读"一行白鹭"等，感受对仗的写法。）

师：我们继续认读词语，下面这些词语谁会读？请举手。

生：西岭、东吴、千秋雪、万里船。

师：大家看"西岭"和"东吴"这两个词中的"东"和"西"是——

生：反义词。

师：这里的东吴指的是现在的浙江、江苏一带，离作者当时所在的成都是很远的。"东吴"的"吴"还是一个姓。咱们班有没有姓吴的同学，或者，你有没有听到过姓吴的人是怎样介绍自己的姓的？

生：姓吴的人一般都说自己的吴是口天吴。

师：上面一个"口"，底下一个"天"，"口""天"组成"吴"，姓"吴"的"吴"。这个字记住了吧？"吴"字怎样写更美观呢？

生1："天"的第二横要写得稍微长一些。

生2："天"的撇和捺要写得舒展一些。

生3：上面的口不要太大了。

师：同学们说得非常好，来看看老师是怎样写的。

（师板书范写后生练习书写，交流点评。）

师：这位同学写得特别漂亮，上边的"口"大小合适，底下的"天"的第二横是长长的，撇捺舒展，值得表扬。我们再来读一读这一组词语。

生齐：西岭、东吴、千秋雪、万里船。

师：这些词语大家都会读了，把它们放到诗句中，我跟同学们合作读。

（师和生对读，如：师读"千秋雪"，生读"万里船"，师读"门泊东吴"，生读"窗含西岭"等，感受对仗的写法。）

> **点评**：诗词的教学依然要首先解决读通、读顺的问题，字词的学习肯定是要进行的。该环节，教师结合二年级学生的年龄特点，以识字、写字作为教学重点，采用了根据字义、联系生活、看图想象、发现词语间的对仗关系等方式，引导学生理解词语意思，识字方法多样。很可贵的是，教师最终将词语回归诗句中，为学生下一步读好古诗做准备。

三、想象情景，朗读中感受画面之美

师：同学们，我们现在重点来看前两行诗，读这两行诗简直就像欣赏一幅画一样，你们会看到很多颜色。谁能通过自己的朗读让大家也看到其中写到的颜色？

生：两个黄鹂鸣翠柳，一行白鹭上青天。

师：真好。你的朗读让我们关注到了颜色。这两行诗中还有景物呢，谁能让我们感受一下？

生：两个黄鹂鸣翠柳，一行白鹭上青天。

师：不错。现在我们看到了颜色，看到了景物，如果这次我特别想让大家了解的是数量，可以怎么读？

生：两个黄鹂鸣翠柳，一行白鹭上青天。

师：真好。咱们看着图，这次在读的时候可以用手指着图画，你们会发现作者在观察的时候是有顺序的。

生齐：两个黄鹂鸣翠柳，一行白鹭上青天。

师：谁来告诉大家作者观察的顺序是什么？

生：作者先写离自己近的地方，然后写离自己远的地方。

师：对，你们看，作者的观察特别有顺序，我们再来读一读。

生齐：两个黄鹂鸣翠柳，一行白鹭上青天。

师：同学们，作者真厉害，短短的两行诗，既写到了颜色、景物，还写到了数量，唯一可惜的是缺了点图画不太好表现的内容。你们看这两个黄鹂，它们不可能一直乖乖地站在树枝上，它们有可能会干什么？

生1：唱歌。

生2：在枝头蹦蹦跳跳的。

生3：有可能在嬉戏。

师：这样的情景多有意思啊，就想着这样的画面，我们再来读一读这两行诗。

（多人朗读诗句。）

师：同学们都背过了吧。闭上眼睛，想象着画面，我们来背一遍。

生齐：两个黄鹂鸣翠柳，一行白鹭上青天。

点评："背诵古诗""读诗句，说说看到了什么样的画面"是学习这首诗的主要任务。该环节教师引导学生带着欣赏的眼光，发挥想象读诗句，要求读出颜色，读出景物，读出数量等，让学生将静态的诗句转变为动态的画面，加深了学生的记忆。学生在一遍遍的朗读中不但感悟到诗的语言美、画面美、内容美，而且还发现了作者由远及近的观察顺序。这样就为学生背诵古诗的任务达成奠定了基础，设计可谓精妙。

四、聚焦字词，品析中感悟用词之妙

1. 联系生活体验，品味"含"字的妙用。

师：咱们再来看后两行，请一位同学先来读一读。

生：窗含西岭千秋雪，门泊东吴万里船。

师：看插图是很有效的学习古诗文的方法，现在请同学们看看插图，找一找窗户和西岭，看看谁大谁小？

生：西岭大。

师：这句诗中说"窗含西岭"，好像有点儿问题啊。"含"字底下是一个口，我们口中经常会含东西，谁告诉大家你的口中含过什么东西？

生：糖。

师：一个大苹果，你能含进去吗？

生：含不进去，太大了。

师：含一个糖可以，因为糖小，嘴巴大。这里的窗户小，西岭大，怎么可能含得进去？谁来告诉大家，要想窗含西岭，作者得站在哪里？

生：我觉得应该是站在窗前。这是近大远小的道理。

师：是啊，作者站在窗前，透过窗户就看到了西岭，于是便有了窗含西岭的说法。我们一起来写一写"含"字，看老师写，上边是一个"今"字，底下是一个"口"字。

（师指导后，生练习书写。）

师：作者说了窗含西岭，如果你掌握了这个方法，窗含大雁塔可不可以？

生：可以。

师：窗含电视塔能不能做到？

生：能。

师：只要足够远，窗含秦岭都没问题。增加一点儿难度，手指缝含一位同学可不可以？

生：可以。

师：咱们一起来读读这两行诗。

生齐：窗含西岭千秋雪，门泊东吴万里船。

2. "含""岭"对比，学写"岭"字。

师：这句诗中除了"含"字，还有一个"岭"字，这两个字还有些像呢，发现了吗？

生："含"字上面是"今"，而"岭"字右边是"令"。

师：确实有点像，不过很容易区分，"岭"和"令"读音相似，说到"岭",就想到了"山",你看"岭"字的左边就是"山"。书写时请大家注意,山岭山岭,当然先写"山"了,"岭"字的右边,请大家注意,不带令牌就命令不了别人了,来,把令牌带上,写上这个点,这就是"岭"。拿出你们的笔,我们写一写这两个生字。

(生练习书写,然后交流评价。)

> **点评**:教师采用结合插图、联系生活实际等方法,品味"含"字的妙用,学生既学会有效学习古诗文的方法,又较为轻松地理解了"窗含西岭"这一难点。对比"含""岭"字形,教师以风趣的语言指导学生识记"岭"字,效果不错。

3. 引发认知冲突,体会数字的妙用。

师:同学们,学习了这首诗,大家一定感受到了景色之美,让我们记住这首诗的作者——

生齐:杜甫。

师:杜甫特别厉害,我查到的资料介绍说,杜甫是唐代伟大的现实主义诗人,被后人称为"诗圣",与李白合称"李杜"。他及他的作品对中国文学和日本文学都产生了深远的影响,保留至今的诗约有1500首。但是我觉得这对杜甫的介绍不够全面,只说到了他在文学方面多么厉害,是著名的诗人。我觉得杜甫数学也特别好,不信你们再读读这首诗,每一行都有数字,发现了吗?

生:我发现了第一行写到了"两个",第二行写到了"一行"。

师:你们往后看,数字越来越大了。

生:三、四行写到了"千秋雪、万里船"。

师:我发现杜甫不只是数学好,视力也很好,"万里船",一万里都能看得清楚。杜甫在成都写的这首诗,可是诗中所讲到的东吴是现在的江苏、浙江一带,距离成都何止是万里,他怎么能看到那么远的地方呢?

生:这是夸张。杜甫这样写其实就表达了一个意思——很远。

师:我明白了,这里的"千""万"并不是一个很确定的数字,只是在表示数量之多。像这样的写法其实不只是杜甫的这首诗里有，很多诗人的诗句中都有，谁能说说自己积累到的相关诗句？

生1：飞流直下三千尺。

生2：桃花潭水深千尺。

生3：轻舟已过万重山。

生4：危楼高百尺。

生5：白发三千丈。

师：我们把上面的这些诗句读一读，积累下来。

（生读诗句，进行积累。）

师：不仅诗句中会用到这样的方法，很多四字词语或者成语中也会用到这样的方法，谁有这方面的积累？

生1：千山万水。

生2：千门万户。

生3：千言万语。

> **点评**：看似简单的教学设计，其实教学艺术堪称高超。教师引导学生发现诗中使用数字的特点，加以拓展。学生在认知冲突中了解夸张手法的妙用，之后，教师根据学生的年龄特点，鼓励全体同学参与到学习中来。最后，教师降低难度，由积累诗句到自主说词，体会数字在古诗中使用的妙处。

五、背诵古诗，布置作业

师：同学们，我们平时学的是楷书，不过今天我这里的这幅草书的书法作品肯定有人会认会读。谁能试着读一读？

（师出示《绝句》的草书作品，生认读。）

师：草书我们可没学过，你们怎么就会读了呢？

生：因为我会背这首诗，只要认识上面的一两个字，就读出来了。

师：我们一起读一读这幅草书作品。

（生齐读。）

师：同学们，一开课，我们就发现《绝句》其实不只是这一首，还有两首，谁来读给大家听？

生1：迟日江山丽，春风花草香。泥融飞燕子，沙暖睡鸳鸯。

生2：江碧鸟逾白，山青花欲燃。今春看又过，何日是归年。

师：真好，同样是杜甫写的《绝句》，有五言的，也有今天我们学的七言的，课后请同学们去搜集更多的杜甫或者其他诗人写的《绝句》，去读一读，感受它们的节奏和韵律。

> **点评：**本环节由学习一首诗到积累一类诗，达到丰富学生古诗文积累、丰厚学生文化涵养的目的，进而增强学生热爱中国传统文化的情感。

总　评
古诗教学，原来可以更有趣
李斩棘

王林波老师的这节古诗教学课朴实而有趣、简单而有效，很值得我们思考和借鉴。

一、设计精巧，以"标"为准

《义务教育语文课程标准（2011年版）》是教师教学的依据、准绳。王林波老师整节课中处处体现课标要求、理念及教学建议。如：课标对低年级古诗文教学提出了"第一学段，诵读儿歌、儿童诗和浅近的古诗，展开想象，获得初步的情感体验，感受语言的优美，背诵优秀诗文50篇（段）"的要求。王林波老师在第二教学环节中通过多次认读古诗中的"黄鹂、白鹭、翠柳、青天"等一系列词语，引导学生感悟诗的语言美。在第三环节中以"你看这两个黄鹂，它们不可能一直乖乖地站在树枝上，它们有可能会干什么？"这一问题帮助学生展开想象的翅膀，静态的文字顿时充满灵动，进而学生感受到了诗文的魅力。

课标提出："语文课程应引导学生丰富语言积累，培养语感，发展思维，初步掌握学习语文的基本方法。"教学中，字、词、句的积累贯穿始终。王林波老师在教学"行"字的字音和字义时，创设多种情境引导学生练习运用，梯度适中，学用结合。对仗是古诗词中常出现的一种修辞手法，认识对仗并非课标的要求，但是王林波老师抓住"两个黄鹂""一行白鹭""千秋雪""万里船""门泊东吴""窗含西岭"等词语，通过师生合作读的方式引导学生感受对仗的写法，有机渗透修辞知识。在第四环节中以发现含有数字的诗句为抓手，连带复习、积累含有数字的诗句及词语，丰富学生的语言积累。第五环节中让学生课下积累更多诗人写的《绝句》等，都彰显了王林波老师对语言积累的关注。

识字写字是低年级的教学重点。王林波老师根据课标这一要求，在教学中始终贯穿着字词的教学。比如，在教学"吴"字时，王林波老师联系学生实际，按照"一看二写三评"的步骤层层推进，教学效率很高；在指导书写"岭"时，采用观察对比字形的方法，引导学生，在比较中识字、写字，扎实有效。

二、关注学情，以"趣"为先

"兴趣是最好的老师。"依据低年级学生的年龄及认知特点，王林波老师在课堂中时刻关注学情，创设多种情境，激发学生最佳的学习状态。比如，在第三环节教学中，王林波老师一句"同学们，作者真厉害，短短的两行诗，既写到了颜色、景物，还写到了数量，唯一可惜的是缺了点图画不太好表现的内容。你们看这两个黄鹂，它们不可能一直乖乖地站在树枝上，它们有可能会干什么？"引导学生展开想象，想象鸟歌唱、嬉戏等动态画面，激发了学生的学习兴趣。

在理解"窗含西岭"时，王林波老师说："这句诗中说'窗含西岭'，好像有点儿问题啊。'含'字底下是一个口，我们口中经常会含东西，谁告诉大家你的口中含过什么东西？"这个"好像有点儿问题啊"会激起学生深度思考，由此感悟到近大远小的道理，体会到作者遣词的精妙。此时，王林波老师还不忘进行运用，追问"可不可以窗含大雁塔""窗含电视塔""手指缝含一位同学"。学生处在一个多么愉快、有趣的学习氛围中啊。在第四环节中，王林波老师又觉得杜甫不仅特别会写诗，数学也是特别好。这一情境的创设再次激起学生走进古诗，探寻数字语言表达秘妙的兴趣。

三、删繁就简，以"读"为主

常见的古诗文教学，多半是将教学时间花在对字、词、诗句的理解上，对诗文深刻内涵的感知上。而王林波老师则是避开烦琐的讲解，让学生多读、多诵、多积累。从开始的读词语、读诗句，到后来的读其他诗人的《绝句》，读的内容广泛；从按自己的速度读，到把词语合起来读，再到师生合作读，直至熟练地背诵，读的形式多样。王林波老师给我们展示了一个简简单单的古诗课堂。

四、自主对话，以"生"为本

课标指出："阅读教学是学生、教师、文本、教科书编者之间的对话过程。"教师是学生学习的合作者、引导者。纵观整节课，学生在王林波老师这个合作者的引导下，自主学习，自主发现。课堂充分体现了"以生为本"的理念。比如，课堂上有与"谁有问题要问吗?""打开课本对照一下，一样吗?""这两个字还有些像呢，你们发现了吗?"等类似的引导，从中可以看出学生才是王林波老师课堂上的主人。

感受诗歌的韵律　想象诗歌的画面

——《雷锋叔叔，你在哪里》教学实录及点评

（统编版小学语文教材二年级下册第二单元）

点评：杨修宝（特级教师）

单位：黑龙江教师发展学院

一、导入新课，激发兴趣

1. 歌曲引入，认识雷锋。

师：同学们，今天上课前王老师先要请大家听一首歌，大家听一听歌中唱到了谁？（师播放歌曲《学习雷锋好榜样》。）

生：这首歌唱的是雷锋。

师：你对雷锋有哪些了解？

生：雷锋总会在别人需要帮忙的时候出现，他会帮助有困难的人。

师：是的，雷锋特别喜欢做好事。大家知道每一年的 3 月 5 日是什么日子吗？

生：学雷锋日。

师：大家看，这幅图上写了一句话，知道写的是什么吗？（课件出示毛主席题词的图片。）

生：向雷锋同志学习。

师：这可不是我们平时常见的楷书，不好认。你怎么知道是"向雷锋同志学习"呢？

生：我爷爷给我讲过。

（课件出示雷锋图片。）

师：这就是雷锋，无论是爸爸妈妈，还是我们，都会亲切地称呼他为——

生：雷锋叔叔。

师：很多年前，我们的爸爸妈妈讲"雷锋叔叔"，到了今天，我们还在说"雷锋叔叔"，知道为什么吗？

生：因为雷锋经常做好事，所以我们叫他"叔叔"。

师：你的意思是因为常做好事，所以就叫他叔叔。咱们班有同学常常做好事，你也叫他"叔叔"吗？

（生笑。）

师：老师告诉大家，雷锋同志一生都在做好事，他牺牲时还很年轻，只有22岁，时间就定格在那一刻，所以我们永远叫他——

生：雷锋叔叔。

师：今天就让我们寻找雷锋的足迹，感受雷锋精神，学习这首小诗——《雷锋叔叔，你在哪里》。（师板书课题，相机指导"锋"字的书写。）"锋"是本课的一个生字，同学们书写时注意左边是个金字旁，第五笔是竖提，向右上提，别弄错了。右下的"丰"第二横要写得短一些，第三横要写得长一些。最后一笔竖是悬针竖，由重到轻来写，下面尖尖的。

2. 引入资料，做好铺垫。

师：雷锋同志一生做过的好事非常多，有句话说是：雷锋出差一千里——

生：好事做了一火车。

师：从这句话中我们不难看出雷锋做过的好事特别多。在这里我就讲一个雷锋的故事给大家听听——

特殊的星期天

一九六〇年初夏的一个星期天，雷锋肚子疼得很厉害，他来到团部卫生连开了些药。

雷锋开药回来时，见一个建筑工地上正热火朝天地进行施工，原来是给本溪路小学盖大楼。烧水棚旁有几辆空车，雷锋推起一辆就走，加入运砖的行列中去。

广播员得知情况去采访他，问他为什么来，叫什么名字，哪个部队的。他说："我是为社会主义建设添砖加瓦的，我和大家一样，有义务尽一份力。"

师：故事听完了，说说看，雷锋帮助的谁？干了什么事情？

生1：他帮助的是工人。

生2：他帮助工人们运砖头。

二、整体感知，认读字词

1. 借助字理，指导书写。

师：刚刚我们所看到的只是雷锋做过的众多好事中的一件，雷锋还做过哪些好事呢？翻开课本，请同学们自由读课文，注意读准字音，读通句子，同时想一想：雷锋都帮助了谁？干了什么事情？

（生自由读课文，边读边思考。）

师：课文读完了，说说看，课文中写到了雷锋做的什么好事？他帮助的是谁？

生：雷锋叔叔帮助的是迷路的孩子。

师：他是怎么做的？都干了什么？

生：他抱着迷路的孩子，冒着蒙蒙的细雨送他回家。

师：同学们，"冒"是本课要书写的一个生字，你们看老师写。

（师有意把上面写成"日"，下面写成"目"，让整个字看起来很长。）

同学们跟课文中的"冒"比一比，评价一下老师写的这个字。

生：老师，你写得不好看，整个字又瘦又高，看起来有些奇怪。

师：很善于观察。我呢，知错就改，大家看，这次我写得怎么样？（师有意把上面写成"曰"。）这次上面变矮了，怎么样？

生1：王老师改正了错误，值得表扬。

生2：王老师这次写得比刚才好了。

师：我们班同学很善于发现别人的优点，很好。看来大家要给我的书写打一百分了。你们再仔细看看，我的书写对吗？

（生仔细观察课本中的"冒"字，跟师的板书对照。）

生：我发现了，老师写的好像不对。上面的第三笔横跟两边是不挨在一起的。

师：你的发现太重要了，很多人都容易把这个地方写错。注意了，"冒"字上半部分中间的短横跟两边是不挨着的，大家知道为什么吗？我们来看一幅图片。（课件出示"冒"字的字理图片。）

师：大家看这幅图，这个人戴着一顶帽子，帽子下面是他的眼睛，所以"冒"字的下面是个"目"。这个帽子的两边垂下来，盖住了耳朵，但并没有粘贴在一起。看这个"冒"字的第一笔和第二笔，像不像垂下来的帽子？它们并没有和中间的小短横粘贴在一起，是分开的。记住了吗？来，跟老师写一写这个字。

（师示范书写后生练习写，师巡视指导，点评。）

2. 联系生活，理解词意。

师：刚刚我们知道了雷锋帮助的是一个迷路的孩子，读了课文，你应该还了解到了他帮助的另一个人是谁？

生：他帮助的是一个年迈的大娘。他背着年迈的大娘走在满是荆棘的道路上。

师：说得很清楚，值得表扬！这里有一个词：年迈，知道是什么意思吗？

生：就是年龄挺大的。

师：大家看看我的年龄，算不算年迈？能不能说年迈的王老师？

（生笑。）

生：王老师肯定不能算年迈。年迈是年龄很大，比如七八十岁。

师：你见过谁是年迈的？

生1：我爷爷八十多岁了，这才算得上年迈。

生2：我太姥姥九十多岁了，都走不动路了，这才是年迈。

师：看来年迈就是年龄很大，行动不便。你们联系生活，理解得很到位，值得表扬。

3. 积累词语，拓展运用。

师：同学们，像"迷路的孩子、年迈的大娘"这样的搭配，课文中还有很多，请大家再读读课文，找一找，跟大家分享一下。

（生再读课文，勾画相关词语。）

生1：我找到了"晶莹的露珠、蒙蒙的细雨"。

生2：我找到的是"弯弯的小路、长长的小溪"。

生3：我找到的是"温暖的春风"。

师：真好！我们来读一读这些词串，把它们积累下来。

（生读词串，积累语言。）

师：除了晶莹的露珠，还有哪些事物可以说是晶莹的呢？

生1：晶莹的宝石。

生2：晶莹的珍珠。

生3：晶莹的钻石。

生4：晶莹的葡萄。

师：大家不仅积累了词语，还试着运用了，真好！除了说温暖的春风，我们还可以说温暖的什么？

生1：温暖的阳光。

生2：温暖的怀抱。

师：特别好！大家看"温暖"的"暖"字，左边是——？

生：左边是"日"字，有太阳就会暖和。

师：这个"暖"字是个形声字，左边是"日"字，右边是"爱"，读作 yuán，整个字读作"nuǎn"，利用形声字的特点大家一定会记住这个字的。不过，"暖"字的右边很容易写错，大家一定要留意。有没有好办法帮助我们正确地进行书写？

生1：要记住右边的中间是一横，不是秃宝盖。

生2：右边不是一个"爱"字。

师：我们来看一张图片。朋友掉进了水里，需要救助，一个人伸出手，拿着一根棍子把他拉了上来。大家瞧瞧，跟这个"暖"字多像。（师边范写边讲解。）上面的"爫"是那个人伸出的援助之手，中间的短横是那根木棍，下面的"友"就是那个落水的朋友。得到了朋友的救助，你的心里一定会感觉到很温暖。现在记住了吧？

生：记住了。

师："温"也是本课要求书写的生字，大家注意，书写"温"字的时候，右上的"日"要写得稍窄，下面的"皿"要写得宽，这样整个字才显得稳当。我们来练习写一写"温暖"两个字吧。

（生练习书写，师巡视指导，相机点评。）

三、对比朗读，体会押韵

师：我们再来看一组词语，谁来试着读一读？

生：足迹、哪里、荆棘、汗滴、寻觅。

师：这里面有一个词语容易读错，大家再来读这个词语。

生齐：荆棘。

师：什么是荆棘？王老师给大家看幅图片，大家就明白了。（课件出示图片。）

生：荆棘就是刺儿。

师：说得很对。汗滴大家都知道吧？换个词说的话就是——

生：汗水。

师：大家发现了吧，看图或者找近义词都能帮助我们理解词语的意思。刚刚我们认读的词语"寻觅、足迹、哪里"，你可以换成哪些近义词来理解？

生：寻觅就是寻找，足迹就是脚印，哪里就是哪儿。

师：来，我们对照着读一读这两组词语，老师读上边这行课文中出现的词语，你们读下边对应的近义词。

课件出示 ⬤

足迹　哪里　荆棘　汗滴　寻觅

脚印　哪儿　刺儿　汗水　寻找

师：既然是近义词，意思都差不多。那我们试着把课文中的这几个词语换成这些近义词，读一读，看看有什么感觉。

（课件出示课文原文和更换成近义词的诗句，生自由读，体会。）

师：说说看，换成近义词读了之后有什么感觉？

生1：读的时候觉得有些奇怪。

生2：感觉不是很顺口。

师：大家知道这是为什么吗？读读这几个词语，你们可能会有发现——

（课件将"足迹、哪里、荆棘、汗滴、寻觅"等词语变成红色。）

生1：我发现这几个词语的最后一个字的韵母是一样的。

生2：课文是押韵的。

师：是啊，因为押韵，所以读起来朗朗上口。大家再读一读这首小诗，感受一下这种朗朗上口的感觉。

（生自由练习朗读。）

师：刚刚同学们又把这首小诗读了好几遍，读得很流畅了。现在我们请两位同学来读一读，一位同学来读第一、三节，另一位同学读第二、四、五节。

（两位同学合作读这首诗。）

师：大家在听读的过程中一定发现他们两人都读得字音准确，语句流畅。大家有没有发现这个同学读的第一、三节诗是在干什么？另一个同学读的第二、四节诗呢？

生：我发现了第一、三节诗是在提问，第二、四节诗是在回答。

师：是啊，这首诗写得很有特点，一问一答，一问一答，时刻吸引着我们的注意力，让我们也不禁跟着开始了思考。你觉得问的部分应该怎么读？

生：要着急一些，因为他想知道答案。

师：那回答的部分呢？

生：可以慢一些，让问的人听得清清楚楚的。

师：说得很好，我再请两位同学来读一读，看看他们读得怎么样。

（两位同学合作读这首诗。）

四、读好诗歌，尝试表达

1. 发现表达特点，读好这两节诗。

师：这首诗的第一、三节我们读了很多遍了，大家有没有发现，这两段都有一个地方是要强调的，那个地方的表达很有特点，你们发现了吗？

生：是这句话：雷锋叔叔，你在哪里，你在哪里？

师：为什么呢？

生：因为这里作者把"你在哪里"重复了两遍。

师：这个句子是重复的，但朗读时可不是一成不变的，谁来读给大家听听？

（多个生朗读，师及时点评，引导生读出变化。）

师：刚刚大家交流了第一节诗中要强调的地方，大家再读读第三节诗，你们发现作者想强调的是什么地方？

生：我觉得是"那泥泞路上的脚窝，就是他留下的足迹"，因为这句诗前面有一个"瞧"字，就是要让大家都注意。

师：是啊，这个"瞧"字能够引起大家的注意，该怎样读呢？

（生朗读，师及时点评，指导生通过声音大小和音调的变化读好这句诗。）

师：如果你想让别人瞧一个地方，你一般会怎么做？谁可以带上动作来朗读这节诗？

（多位生练读，师相机指导。）

2. 理解词语意思，读好这两节诗。

师：要想读好这节诗，我们还要理解其中几个词语的意思。大家看"泥泞"这个词，两个字都带有三点水，你们从中感受到了什么？

生1：雷锋叔叔走的路又湿又滑，很难走。

生2：走在这样的路上很容易就摔倒了。

（课件出示图片。）

师：这就是泥泞的道路，有没有同学走过泥泞的道路？来，跟大家说说当时行走的感受。

生1：特别难走，我的鞋子都走掉了。

生2：走一会儿脚底下就会粘很多的泥巴，就走不动了。

生3：走的时候特别滑，一不小心就会摔倒，坐到泥坑里。

师：是啊，走起来确实很艰难，雷锋不仅要走在这样的道路上，还要抱着迷路的孩子，多不容易啊！我们再来读读这节诗。

（生再次朗读第三节诗。）

师：诗中还写道："抱着迷路的孩子，冒着蒙蒙的细雨。"当时下着细雨，雷锋抱着迷路的孩子，你能想象雷锋当时的动作吗？

生1：雷锋叔叔会把孩子抱得紧紧的。

生2：雷锋叔叔会用自己的身子护着孩子，不让孩子淋着雨。

生3：雷锋叔叔可能抱着孩子，一小步一小步地走，他担心把孩子摔着了。

师：想象着画面，带着自己的感受，我们再来读一读这节诗吧！

（多生朗读这节诗，并尝试着背诵。）

3. 借助故事内容，尝试语言表达。

师：同学们，刚刚开始上课的时候，我们听了一则雷锋的故事，还记得吗？这个故事中的工人是什么样的工人？

生1：辛勤的工人。

生2：忙碌的工人。

师：再想想看，雷锋帮忙运砖头，会怎样推着砖车，怎样行走？

生1：他会用力地推车。

生2：他会使劲地推车。

生3：他会一次一次地运。

师：谁能来试着根据这个故事的内容填空，把下面的诗句补充完整？

课件出示 ◯

围着高高的大楼，
寻找雷锋的足迹。
雷锋叔叔，你在哪里，
你在哪里？

教学楼说：
昨天，他曾路过这里，
_____，
_____。
瞧，_____，
就是他的足迹。

（生练习，同桌互相说。）

师：我们来交流交流吧，谁来跟大家分享分享。

生1：围着高高的大楼，
寻找雷锋的足迹。
雷锋叔叔，你在哪里，
你在哪里？

教学楼说：
昨天，他曾路过这里，
帮助辛勤的工人，
推着一车的砖头。
瞧，流下的汗水，
就是他的足迹。

生2：围着高高的大楼，
寻找雷锋的足迹。
雷锋叔叔，你在哪里，
你在哪里？

教学楼说：
昨天，他曾路过这里，
帮助忙碌的工人，
飞快地运送砖头。
瞧，滴落的汗滴，
就是他的足迹。

生3：围着高高的大楼，
寻找雷锋的足迹。
雷锋叔叔，你在哪里，
你在哪里？

教学楼说：
昨天，他曾路过这里，
帮助盖大楼的工人，
一次一次地运砖头。
瞧，板车压过的痕迹，
就是他的足迹。

师：真不错，大家说得非常好，雷锋的故事在诗歌里，也在《雷锋日记》里。这节课我们就上到这里，课后请同学们朗读这首诗，给家人或者伙伴们讲一讲这个故事，同时阅读《雷锋日记》，了解更多的关于雷锋的故事。下课。

点　评

巧用策略教诗歌

杨修宝

《雷锋叔叔，你在哪里》这首儿童诗，结构相似，语言优美；音韵流畅，朗朗上口；娓娓述说，款款深情。王林波老师精准把握文本特点，彰显文体意识，巧妙运用策略，引导学生读懂诗意、感受诗韵、走进诗境、浸润诗情。

随文识写懂诗意。

识字写字教学是低年级的教学重点，识写教学与阅读教学不可割裂，随文识写是最佳策略，在语言环境中识写，在识写中理解文本内容。王林波老师在本节课中把识写教学与理解诗意巧妙融合，相得益彰。板书课题，指导"锋"字的书写，自然引出雷锋的故事，为后面的教学做好铺垫。学生初读课文后，交流"雷锋做的什么好事？他帮助的是谁？"，顺承学生的回答误写"冒"字，引导学生比较发现，进而讲解字理，体会字义。用图片理解"暖"字，为后面读诗、学诗做了情感铺垫。

对比理解读诗韵。

诗韵即诗歌的韵律与情韵，是诗歌的主要特征之一。小学阶段的诗歌教学要营造恰切的诗意氛围，引导学生诵读诗歌韵律，体验诗歌情韵。但不可生硬，不可为"识韵"而灌输，为"韵律"而硬教。课上，王林波老师由词语教学入手，循序渐进，引导发现，帮助学生体会诗韵。先引导学生用近义词理解"足迹、哪里、荆棘、汗滴、寻觅"这组词，而后进行词语替换，对比朗读，对照理解，发现"押韵"，再自由朗读，深入体会诗歌的韵律、情韵。王林波老师的教学自然随顺，大巧不工，诗韵在文体意识中彰显。

想象画面入诗境。

朗读是感受诗歌特点、体会诗歌情感的主要方式，是诗歌教学最佳的教学手段。诗歌"活"在朗读之中，想象在朗读中发生，画面在朗读中生成。王林波老师紧紧把握单元语文要素"读句子，想象画面"，抓住这首"问答"诗的特点，设计了发现问答、合作分节对读，发现反复、强调变化重读，体会动词，带着动作体验读，理解词语，呈现画面想象读的环节。学生在一次次不同形式的朗读中，熟读成诵，进入诗境，体会情感，濡染心性。成功的诗歌教学就是这样没有条分缕析的讲解，没有琐碎烦冗的分析，而是在朗读中，理解诗意层层深入，在想象中，体会画面渐入诗境。

补白仿写悟诗情。

陈先云老师在统编教材培训时讲道："革命题材类的课文，情节生动感人，人物形象鲜明，学生在内容理解上的困难并不大，关键还是要引领学生借助语言文字，走进文本，在理解内容、品味语言文字的过程中，学习文章的表达方法，让学生能在语言文字和思想情感方面都有所得。"王林波老师在最后环节让学生回顾开课时的故事内容，补白诗句，仿写诗歌。学生在作品中不但运用了"足迹、汗滴"等词语，更是恰切地表达了乐于奉献的雷锋精神，可谓得意得言，浸润诗情。纵观整节课，王林波老师让学生在字词句节与听说读写的训练过程中，潜移默化地受到他们的思想感情的熏陶。如此体悟诗情，如水中之盐，品之有味，寻之无迹！

第四辑

说明文教学

领会编者意图　学会解决问题

——《纳米技术就在我们身边》教学实录及点评

（统编版小学语文教材四年级下册第二单元）

点评：李斩棘（正高级教师）

单位：河南省商丘市基础教育教学研究室

一、学科融合，激趣导入

师：王老师之前给大家上过课，我是教什么的？

生齐：语文。

师：今天我转行了，教数学，我们先来看一个数学的计量单位。（师板书：米。）认识吗？

生齐：米。

师：还有这几个长度单位，都知道吧？（课件依次出示：分米、厘米、毫米。）

师：知道它们之间的关系吧？

生：1 米等于 10 分米，1 分米等于 10 厘米，1 厘米等于 10 毫米。

师：正确。1米等于多少厘米，多少毫米呢？

生：1米等于100厘米，1米等于1000毫米。

师：大家数学学得不错啊，我继续考你们一道题：1米等于多少微米？刚刚小手如林，现在怎么只剩三个人举手了？

生1：1米等于1万微米。

生2：1米等于10万微米。

师：1万、10万，要不再猜一个答案——100万。（生笑。）你们俩的答案全都错了，正确答案就是100万。那么1米等于多少纳米呢？

生：10亿。这个课文中有讲到。

师：1米等于10亿纳米。纳米这个单位实在是太小了，今天就让我们走进纳米的世界，了解纳米技术。看老师写这个"纳"字，左边是绞丝旁，右边一个"内"字，这个字读作——

生齐：纳。

> **点评**：看似简单的导入，其实隐含了教师多种目的。语文课上做算术，活跃了课堂气氛，调动了学生的思维，激发了学生学习的兴趣。同时，也为本课学习做好了铺垫。

二、读好术语，整体感知

师：同学们，读到纳米技术这四个字时有没有新鲜感？

生齐：有。

师：平常接触纳米技术多不多？

生齐：不多。

师：面对如此新鲜的话题，大家一定有很多问题想问。现在请大家打开课本，自己快速地读一读课文，注意把字音读准，句子读通顺，同时，如果有什么问题想问，可以写在课文的旁边。

（生自由读课文，写出自己想问的问题。）

师：同学们，纳米技术带给我们的不仅是新鲜感，还有十足的科技感。你们刚才读课文，有没有发现有些词语就能带给我们科技感？跟大家分享一下吧。

生：碳纳米管、碳纳米管天梯、纳米吸波材料。

师：确实很有科技感，在这篇课文中，像这样科技含量极高的词语真不少，王老师挑出了六个，谁来读一读？

生：纳米涂层、碳纳米管天梯、纳米吸波材料、纳米机器人、纳米检测技术、纳米缓释技术。

师：有没有发现，这六个词语都带——

生齐：纳米。

师：纳米可真是太神奇了。课文中还有这样一组词语，我们也来读一读。

生1：杀菌、除臭、蔬菜、隐形。（其他生跟读。）

生2：健康、疾病、需要、癌细胞。（其他生跟读。）

师：有没有同学留意过，这两行词语分别出现在课文的哪两个自然段？

生：分别出现在课文的第三自然段和第四自然段。

师：如果我读这句话：纳米技术就在我们身边。你们可以读上面的哪行词语？

生齐：杀菌、除臭、蔬菜、隐形。

师：我读这句话：纳米技术可以让人们更加健康。你们可以读——

生齐：健康、疾病、需要、癌细胞。

师：是的，这两句就是这两段的中心句。这篇文章讲纳米技术，除了向我们介绍什么是纳米技术，还告诉我们纳米技术就在我们身边，它可以让我们的生活变得更加健康。

> **点评：**该环节教师解决了课后习题第一题"把课文中的科技术语读正确"的要求，同时引导学生在初读课文时尝试"提出不懂的问题"，又在为本课训练重点做铺垫。字词学习分类理解，直奔中心，删繁就简，重点突出，更是为后期的段篇学习做好了准备。

三、提出问题，梳理筛选

师：同学们，说到纳米技术，那么新鲜，你们肯定有问题想问。昨天预习的时候大家都提问了，刚才读课文，可能又有了新问题。接下来，请同学们四人小组交流提出的问题，合并重复问题，选出你们小组认为最值得解决的、最有价值的两到三个问题，可以在前面标星号。咱们一、三、五排往后转，形成四人小组，开始讨论。

（生小组讨论、交流。）

师：我们来交流交流，你们筛选出的最有价值的问题是什么？

生1：我们组最想解决的问题是：纳米技术到底是什么，怎么这么神奇？

生2：我们的问题是：课文中说纳米技术给我们的生活带来了很多变化，我们身边有没有纳米技术呢？

生3：我们想知道纳米技术为什么能让我们健康。

生4：我们组想知道为什么课文中用了那么多的数字。

师：同学们，大家提的问题都非常有价值，筛选问题的能力也很强，值得表扬。

> **点评：** "阅读时能提出不懂的问题，尝试解决"是本单元的语文要素，也是阅读训练点。教师能快速指向语文要素要点，让学生提出问题，并分组讨论，梳理筛选"最值得解决、最有价值"的问题，再次为后面"试着解决问题"奠定了基础。

四、精读课文，解决问题

1. 学习联系课文和生活解决问题的方法。

师：纳米技术到底是什么呢？要解决这个问题，我们得联系课文思考，大家看看应该读课文第几自然段？

生齐：第二自然段。

师：现在请你们快速读第二自然段，勾画有效信息，了解一下什么是纳米技术。

（生自由读，思考勾画。）

师：有了解的同学可以举手告诉大家，你了解到了纳米的哪些知识？

生1：纳米有许多新奇的特性。

生2：纳米技术是造福人类的技术。

生3：纳米技术的研究对象一般在1纳米到100纳米之间。

生4：纳米非常非常小。

师：纳米到底有多小呢？课文中是怎么写的？

生：纳米是非常非常小的长度单位，1纳米等于十亿分之一米。

师：读得不错！你们仔细观察这句话，数字多不多？

生：我知道，这是列数字的说明方法。

师：非常好。列数字这个方法并不难，大家一学就会。刚才我们讲到了米、分米等长度单位之间的关系，还记得吗？我们试着计算一下：

课件出示 ——

1 分米 =（   ）纳米　　1 毫米 =（   ）纳米

1 厘米 =（   ）纳米　　1 微米 =（   ）纳米

（生动笔进行计算。）

师：大家都计算出了结果，现在如果让你们用列数字的方法介绍纳米，你们会怎么写？

课件出示 ——

纳米是非常非常小的长度单位，1 纳米等于_____分之一____

_____。

生1：纳米是非常非常小的长度单位，1 纳米等于一亿分之一分米。

生2：纳米是非常非常小的长度单位，1 纳米等于一千万分之一厘米。

师：这两位同学说得特别好，一下就学会了列数字的说明方法。下一个同学，我希望你不光说得对，还能读得好。你看纳米这个单位是大，还是小？

生：小。

师：作者用了几个"非常"？

生：两个。

师：你读的时候想怎么读，才能让人感觉到它的小？

生1：纳米是非常非常小的长度单位，1纳米等于一千分之一微米。

生2：纳米是非常非常小的长度单位，1纳米等于一百万分之一毫米。

师：很好。看来列数字的方法不难。同学们，纳米特别特别小，作者为了更清楚地进行介绍，这样写道：如果把直径为1纳米的小球放到乒乓球上，相当于把乒乓球放在地球上，可见纳米有多么小。

（生读这个句子。）

师：这句话中出现了哪几样事物？

生：地球、乒乓球、纳米小球。

师：乒乓球大家都见过吧？地球呢？纳米小球呢？你们发现了什么？

生：纳米小球大家最陌生。作者用我们熟悉的地球和乒乓球来做比较，这样我们就容易明白纳米小球的大小了。

师：你的发现太有价值了。写文章就是要让别人更容易明白，将陌生的事物与熟悉的事物放在一起做比较，读者更容易理解，这种方法值得我们学习。如果让你们来比较，你们会想到生活中哪些球形的熟悉的事物？

生相继回答：篮球、足球、网球、排球、高尔夫球、苹果、西瓜、橙子、葡萄等。

师：我们再来读这句话，感受一下作者的这种写作方法吧。

（生齐读句子。）

2. 学习运用资料解决问题的方法。

师：同学们，通过联系上下文，联系生活，我们解决了纳米技术是什么以及课文中为什么要用那么多数字这两个问题，收获很大。大家刚刚还问到了一个问题：课文中说纳米技术给我们的生活带来了很多变化，我们身边有没有纳米技术呢？这个问题怎么解决呢？

生：可以联系上下文，读一读课文第三自然段。

师：学以致用啊，真好。那我们就开始读课文第三自然段吧！

（生自读课文，尝试着解决问题。）

师：谁发现了原来我们身边就有纳米技术？

生：冰箱里的纳米涂层可以起到杀菌和除臭的作用。

师：作者举的第一个例子是纳米涂层，第二个事例是——

生1：碳纳米管天梯。

生2：第三个事例是纳米吸波材料，它可以把探测雷达波吸收掉。

师：来，我们一起读一读这个自然段。

（生齐读课文第三自然段。）

师：读课文，我们能够解决问题；借助资料，能够让我们对这个问题有更深入的了解。谁查过资料？请举手。

生：我查到的资料是：经纳米技术处理过的纺织面料制成的衣服，防油、防水且透气，还有杀菌、防辐射、防霉等效果，清洗也很方便，只要在水里轻轻漂洗一下就行了，根本不需要洗涤剂；在化纤布料中添加少量的金属纳米微粒就可摆脱因摩擦而引起的静电现象。

师：纳米材料做的衣服太神奇了。还有谁也查到了资料？

生：我也查到了，资料里面说轮胎通常是黑的，但运用纳米材料生产的轮胎不仅色彩鲜艳，性能上也大大提升，轮胎侧面胶的抗折性能由10万次提高到50万次。

师：怎么样，运用了纳米技术的衣服和轮胎好不好？

生齐：好！

师：运用了纳米技术，这衣服、这轮胎，不仅好，而且好玩。你看洗衣服太省事了。

生1：是的，以前妈妈很辛苦，以后我玩着就把衣服洗了。以前是"妈妈帮我洗一下衣服"，现在是"妈妈，衣服给我，让我玩一下"，玩完之后，衣服就干净了。

生2：运用了纳米技术，我想要什么颜色的轮胎都可以。

师：同学们，作者通过举例子的方法，让我们了解到了纳米技术就在我们身边。其实我们也可以把刚刚这两位同学查到的资料作为举例子的素材，重新组织语言，来写一写纳米技术就在我们身边。我们试试看吧！

课件出示

纳米技术就在我们身边。＿＿＿＿＿＿＿＿＿＿＿＿＿＿＿
＿＿＿＿＿＿＿＿＿＿＿＿＿＿＿＿＿＿＿＿＿＿＿＿＿＿＿＿＿
＿＿＿＿＿＿＿＿＿＿＿＿＿＿＿＿＿＿＿＿＿＿＿＿＿＿。

（生练习表达，师巡视指导。）

师：写好的同学，我们来分享一下吧。

生1：纳米技术就在我们身边。使用了纳米技术的轮胎颜色鲜艳，性能比普通的黑色轮胎也大大提升，而且轮胎侧面胶的抗折性能由以前的10万次提高到50万次。

师：这个同学讲得很清楚，有没有写得更好的？

生2：轮胎大部分是黑色的，但用纳米材料生产的轮胎可以有绿色的、红色的等，而且性能上也大大提升了，轮胎侧面胶的抗折性能由10万次提高到它原来的5倍，也就是50万次。

生3：纳米技术就在我们身边。有一些衣物经过纳米技术处理后有防油、防水、透气、杀菌、防辐射等效果，而且清洗也很容易，还不会产生静电的现象。

生4：我们平时穿的衣服，如果经过纳米技术处理，不但防油、防水、透气，还可以杀菌呢，甚至都可以防辐射、防霉。洗它的时候只要在水中漂洗一下就可以了，而且由于添加了少量的金属纳米微粒，衣服连静电都不起了。

师：大家写得非常好！同学们，我们在学习的过程中，要学会提出问题，而且还要学会解决问题。解决问题，我们可以联系上下文，也可以联系生活，还可以查找资料。对于解决问题，你们还有什么方法吗？

生：有时候还可以问问别人。

师：是的。大家掌握了解决问题的方法，希望大家在今后的阅读中能够不断提出问题，梳理筛选问题，并运用我们学到的方法解决问题。最后王老师推荐大家阅读这本书——《图解纳米技术》。这本书里面讲到了很多纳米技术在生活中的运用，能够让你更加了解纳米技术。好了，今天这节课就上到这里，下课，同学们再见！

生齐：老师再见！

点评："联系上下文、结合生活经验、查找资料"是学生"遇到不懂的问题"最基本、最常用的解决方法。教师在该环节分散完成，环环相扣，扶放结合。教师借助课文第二自然段，重点训练了学生的"联系上下文、结合生活经验"的方法；借助第三自然段，引导学生借助搜集的资料再次深入理解"纳米技术"。很可贵的是，教师再次发挥资料的作用进行仿写训练，读写结合，降低了随文练笔的难度，给人"润物细无声"之感。

总　评

领会编者意图，落实语文要素

李斩棘

《纳米技术就在我们身边》是统编版小学语文教材四年级下册第二单元的第三篇精读课文，该单元语文要素是"阅读时能提出不懂的问题，并试着解决"。"交流平台"里谈到"我通常会联系上下文，并结合生活经验来解决问题""查资料可以帮助我们理解不懂的问题……""我是请教别人后知道的"，编者给了多种解决"不懂的问题"的基本方法。因四年级上册第二单元的策略单元，学生已经进行了"阅读时尝试从不同角度去思考，提出自己的问题"的训练，显然，这一单元的学习是对上册策略单元的承接，重在"试着解决"。王林波老师充分了解编者意图，整节课都是在围绕此教学重点展开教学。

如，在"阅读时能提出不懂的问题"方面。王林波老师清楚学生的学习基础，以复习巩固的方式引导学生将初读课文时自己遇到的不懂的问题写在旁边，再小组合作讨论，合并重复问题，筛选并梳理通过学习、讨论才能解决的真正"有价值、有意义"的问题，为顺利完成本课的教学目标做好铺垫。

在"试着解决问题"方面，王林波老师引导学生进行"学习联系上下文""结合生活经验""查找资料"三种方法的训练。教学第二自然段时，王林波老师不仅引导学生从文本中找出解决问题的线索，了解"纳米之小"，还结合学生已有的数学知识和生活经验，通过"纳米与不同长度单位之间的换算""生活中常见事物与陌生事物做对比"等，让学生了解列数字、做比较这两种可以帮助说清事物特点的写作方法，并进行朗读指导。在运用"查找的资料解决问题"时，王林波老师让学生学以致用，读写结合，进行了语言文字的训练，水到渠成地完成了教学目标。

王林波老师对课后题的灵活处理也很值得点赞。王林波老师充分发挥课后题的教学价值，无论是"读科技术语"，还是"围绕第三、四自然段的中心句谈理解"，都巧妙地把编者意图渗透于教学之中，扎实而有效。笔者尤其喜欢这节课中的两次数学计算，既让语文课增加了趣味性，又与教学内容紧密联系。因此，这节课可谓是一节"得意、得言、得趣、得法"的语文课。

合理选用方法　有效解决问题

——《琥珀》教学实录及点评

（统编版小学语文教材四年级下册第二单元）

点评：景洪春（特级教师、正高级教师）

单位：上海市闵行区教育学院

一、导入新课，激发兴趣

师：同学们，今天王老师给大家带来了几样宝贝，大家看看认不认识。

（师出示图片，生辨认。）

生：这是琥珀。

师：你是怎么一眼就认出它是琥珀的？

生：因为我以前看过一篇关于琥珀的文章，里面介绍琥珀是由松脂石化形成的，我从颜色判断它就是琥珀。

师：原来你是看颜色来判断，能够思考，值得表扬。不过老师要告诉你的是，这样东西网上有卖的，（师出示图片。）售价152元人民币。

现在你还觉得它是琥珀吗？

生：不是。

师：对，这只是一个普通的挂饰而已。（师出示图片。）我们再来看看这张图片，会不会是真的琥珀？

生：这个是琥珀。

师：你怎么这么肯定呢？

生：因为里面有一只虫子。

师：嗯，你很有"眼光"。不过这个东西网上依然有售，售价12.97元人民币。（师出示图片。）

（生笑。）

师：好了，同学们，让我们一起来看看真正的琥珀是什么样子的。

（师出示图片，生欣赏。）

师：谁发现了真正的琥珀有什么特点？

生1：真正的琥珀颜色比较深，人工做的琥珀颜色比较浅。

生2：自然形成的琥珀里面不可能只有一只虫子，里面还会有一些落叶什么的。

生3：真的琥珀特别透亮，很有光泽。

师：（师出示图片。）再来看看这幅图，你们觉得这是琥珀吗？

生：是。

师：没错，琥珀不仅有里面有东西的，还有纯色的。今天我们要学习的这篇文章，就叫《琥珀》。

（师板书琥珀，生读题。）

点评：课伊始，教师以琥珀实物和购物网站上的琥珀图片，调动学生学习兴趣，激发学生认知冲突，引导学生逐步梳理琥珀的基本特点，既不露痕迹，又为后面的学习做好铺垫。

二、学习字词，提出问题

师：现在请同学们翻开课本，自由读课文，在读准字音的同时，想一想自己有什么问题想问，写在课文旁边。

（生自由读课文，思考并提出自己的问题。）

师：同学们刚才读得都很认真，现在我们来看看课文中的这些词语。（师指名认读。）

课件出示 ●

晌午　火辣辣

渗出　松脂

拂拭　挣扎

划动　美餐

怒吼　澎湃

师：读了第一行的两个词语，你们想到了课文中的哪个事物？

生：我想到了太阳。

（师板书"太阳"，师生合作读词。）

师：第二行的两个词语，有没有让你们想到课文中的哪个事物？

生：松树。

（师板书"松树"。）

师：第三行词语呢？你们想到什么？

生：我想到了那只苍蝇。

（师板书"苍蝇"。）

师：下一行呢？你想到了什么？

生：我想到蜘蛛。

（师板书"蜘蛛"。）

师：最后一行，你们想到了什么？

生：大海。

（师板书"大海"。）

师：非常好，这些都是课文中出现的事物，都与琥珀的形成有着密切的关系，我们再来读一读这些词语。

（生再次认读词语。）

师：大家读得很好。刚才在读课文的时候，很多同学都提出了问题，并记录了下来。下面我们小组合作学习，梳理一下提出的问题，筛选出你觉得最有价值的问题。

（小组合作学习，梳理、筛选问题。）

师：我们来交流交流，你们小组最想问的问题是什么？

生1：我们想知道一般琥珀是什么样子的。

生2：我们小组想问的问题是：琥珀是怎样形成的？

生3：我们小组想问的问题是：琥珀的形成需要多长时间？

生4：我们小组想知道的问题是：现在还能形成琥珀吗？

师：非常好，大家很善于思考，提出的问题很有价值，值得表扬。

> **点评**：词语的学习不是孤立的，而是有结构的学习，教师引导学生在归类学习中，对生词及课文内容形成了有意义的建构，从而引发了学生对琥珀更浓厚的探究兴趣。

三、解决问题，习得方法

1. 层层推进，在尝试中发现解决问题的方法。

师：同学们，我们先来看看"琥珀是什么样子的"这个问题。课文中有一个自然段向我们介绍了琥珀，找找看。

（生快速看课文，找出相关段落。）

生：在第18自然段介绍到琥珀了，也就是课文的最后一段。

师：同学们，现在自己读一读这一段，找一找关于琥珀的信息。

课件出示 ⬤

在那块透明的琥珀里，两个小东西仍旧好好地躺着。我们可以看见它们身上的每一根毫毛，还可以想象它们当时在黏稠的松脂里怎样挣扎，因为它们的腿的四周显出好几圈黑色的圆环。从那块琥珀，我们可以推测发生在几万年前的故事的详细情形，并且可以知道，在远古时代，世界上就已经有苍蝇和蜘蛛了。

生1：我发现了琥珀是透明的。

生2：琥珀里面可能包裹了一些其他的东西。

生3：琥珀的形成需要很长的时间。

生4：看到了琥珀，我们就能知道之前发生的事情。

师：大家提取了许多有效信息。现在我们回顾一下，想要了解自己提出的问题，我们可以怎么做？

生：可以读课文，在文章中找答案。

师：没错，联系上下文是一种非常重要的解决问题的方法。（师板书"联系上下文"。）如果要对琥珀有更多的了解，我们还可以用什么方法？

生：还可以查阅资料。

师：这是一个很不错的方法，王老师课前就查到了一些资料，现在分享给大家。

课件出示 ⬤

琥珀，是一种透明的生物化石，是松柏科、云实科、南洋杉科等植物的树脂化石。树脂滴落，掩埋在地下千万年，在压力和热力的作用下石化形成，有的内部包有蜜蜂等小昆虫，奇丽异常。琥珀大多数由松科植物的树脂石化形成，故又被称为"松脂化石"。

琥珀的形状多种多样，表面及内部常保留着当初树脂流动时产生的纹路，内部经常可见气泡及植物碎屑或古老昆虫等动物。

常见琥珀种类有：金珀、金蓝珀、绿茶珀、红茶珀、棕红珀、蓝珀、绿珀、虫珀等。

2016年3月6日，中国科学家发现了至今为止世界上最为古老的琥珀矿石，其年龄在9900万年左右。

师：请同学们快速读一读这段资料，看看你们对琥珀有了什么新的了解。

生1：我知道了琥珀也叫松脂化石。

生2：我知道了琥珀的颜色特别多，可以分为许多种类。

生3：我知道了世界上最古老的琥珀矿石距离现在有 9900 万年左右。

师：看来，解决问题不仅可以联系上下文，还可以查阅资料。（师板书"查阅资料"。）

2. 迁移运用，在实践中掌握解决问题的方法。

师：刚才大家还提出了一个问题：琥珀是怎样形成的？要想解决这个问题，我们就可以用上这两个方法。你觉得我们可以读课文的哪几个自然段来解决这个问题？

生：第 2～10 自然段。

师：好的，现在请同学们自己默读这几个自然段，联系上下文进行思考，用笔画出有效的信息，老师相信你们一定会有所发现。

（生默读圈画。）

师：课文中琥珀的形成离不开哪些事物？刚刚你在阅读的过程中一定发现了吧？

生1：有太阳、松树、海水。

生2：我补充一下，有太阳、松树、苍蝇、蜘蛛、海水。

师：非常好，谁能借助这几个关键词来说说琥珀形成的过程？同桌之间可以先相互练习练习。

（同桌之间练习说。）

师：谁来跟大家分享一下，说给大家听听？

生1：太阳照着松树，松树分泌了一种叫松脂的东西。这时候，正好蜘蛛想去捉那只苍蝇，结果松脂滴下来，把它们两个包在一起了。最终大海把这片森林淹没了，过了几万年，人们发现了这块琥珀。

师：这位同学讲得比较清楚，哪位同学能够再来试着讲一讲？

生2：很久很久以前的一天，太阳照射在松树上，松树分泌出松脂。这时正好有一只蜘蛛要去捉苍蝇，忽然，一滴松脂滴落了，把这两只小昆虫层层包裹在里面了。过了很多年，大海淹没了森林，把这个松脂球埋在了泥沙之下。又过了许多年，这个松脂球被一个渔民的儿子发现了。

（生鼓掌。）

师：这位同学说得非常清楚，值得表扬。让我们再次把掌声送给这两位同学。下面请同桌两个人相互讲一讲琥珀形成的过程。

（同桌相互讲。）

师：刚才我们用了联系上下文的方法了解了第一个问题，很好。解决问题还有一个重要的方法就是查阅资料。我们课本上就有能够帮助我们解答这个问题的资料，赶快找一找。

生：我找到了，就是课文后面的"阅读链接"。

师：这段资料也讲了琥珀是如何形成的，请你读一读这段资料，圈画关键信息。

（生自主阅读"阅读链接"，圈画关键信息。）

师：哪位同学来分享一下自己找到的关键信息？

生1：我知道了琥珀的形成要经过三个重要的阶段：树脂→硬树脂→琥珀。

生2：树脂流动的过程中会把一些东西包裹进去。

生3：裂开的树干才会流出树脂，最终形成琥珀。

师：同学们，查资料让我们又有了新的收获，现在谁能试着借助资料袋中的示意图，用简洁的语言再来说一说琥珀形成的过程？你可以用上"首先、然后、最后"这样的词语。

生1：琥珀的形成要经过三个重要的阶段：树脂→硬树脂→琥珀。首先树木得分泌出树脂，树脂被掩埋起来，慢慢就会变成硬树脂，最终就变成了琥珀。

生2：首先，这棵树需要有一个裂缝或者伤疤，在强烈的阳光照射下，这棵树会分泌出一些树脂，这些树脂在流动的过程中会把一些小昆虫、叶片等包裹在里面。经过很多年，这些树脂会变成硬树脂，蕴藏在沙土下面，在高压、高温的持续作用下，最终就会变成琥珀。

师：表扬这两位同学，都说得非常好。

四、发现表达特点，落实语言运用

师：大家有没有发现，这段文字在讲琥珀形成的过程，课文也在讲琥珀形成的过程，对比着读一读，看看你们有什么发现。

（生对比阅读课文内容及"阅读链接"的内容。）

师：谁来说说看，对比阅读后，你们有什么感受？

生1：我觉得课文写得更有画面感，像一个故事，很有趣。

生2：我喜欢课文的写法，让人有身临其境的感觉。

生3：读课文就像听一个故事，有情节，还有人物出现。

师：说得真好，那你们觉得课文哪句话读的时候感觉更生动一些，更有画面感一些？

生1：晌午的太阳热辣辣地照射着整个树林。许多老松树渗出厚厚的松脂，松脂在太阳光里闪闪地发出金黄的光。

生2：那只小苍蝇停在一棵大松树上。它伸起腿来掸掸翅膀，拂拭那长着一对红眼睛的圆脑袋。

生3：两只小虫都淹没在老松树黏稠的黄色泪珠里。它们前俯后仰地挣扎了一番，终于不动了。

生4：蜘蛛刚扑过去，突然发生了一件可怕的事情。一大滴松脂从树上滴下来，刚好落在树干上，把苍蝇和蜘蛛一齐包在里头。

师：我们一起再来读一读这几句话。

（生读这四句话。）

师：确实，读这几句话时，我们的眼前是有画面的，写得很生动，感觉发生这一切的时候，作者就在跟前看着呢。但是，我发现了一个问题，课文一开始就说道："这个故事发生在很久很久以前，约莫算来，总有几万年了。"这可是几万年之前发生的事情啊。大家再来看看这篇课文作者的相关介绍。

第四辑

课件出示 ⬤

　　柏吉尔（1804～1882），德国科学家、科普作家。有作品集《乌拉·波拉故事集》《活动》《爱的代价》。著名的《琥珀》一文就是根据柏吉尔的《乌拉·波拉故事集》改写的。从大体上看，本文属于科普小品，但由于以讲故事的形式出现，使本来较为枯燥深奥的科学知识变得生动有趣，吸引了小读者，所以也有人说《乌拉·波拉故事集》是童话。

　　（生阅读作者介绍。）

　　师：你们发现了什么？

　　生：几万年前发生的事情，作者应该是看不到的。

　　师：你们是怎样想的？

　　生：现在是 2021 年，柏吉尔是 1804 年出生的。我们算一下，2021－1804＝217，柏吉尔最多了解到 200 多年前的事情。可是松脂包住苍蝇和蜘蛛的事情是几万年前发生的，柏吉尔不可能看到。

　　师：大家同意这位同学的观点吗？

　　生齐：同意。

　　师：所以，这篇文章应该是瞎编的吧？

　　（生中出现了不同意见，议论纷纷。）

　　生：应该不是胡乱编的。

　　师：那得有依据啊。同学们，读一读课文，看看你们能不能从课文中找到依据。

　　（生再读课文，师提示，可以重点看看课文最后一个自然段。）

　　生1：我发现了。我找到了一个词：推测。这是作者根据现在的发现推测出来的。

　　生2：对，虽然作者没有亲眼看到，但是可以根据现在看到的琥珀推测以前发生的事情。

师：这样吧，我们也来试着推测推测。课文中写道："蜘蛛刚扑过去，突然发生了一件可怕的事情。一大滴松脂从树上滴下来，刚好落在树干上，把苍蝇和蜘蛛一齐包在里头。"这样的情景作者是从现在看到的什么景象中推测出来的？

生：是从"在那块透明的琥珀里，两个小东西仍旧好好地躺着"来推测的。

师：课文中还写道："两只小虫都被淹没在老松树黏稠的黄色泪珠里。它们前俯后仰地挣扎了一番，终于不动了。"这样的情景作者是从现在看到的什么景象中推测出来的？

生：是从"因为它们的腿的四周显出好几圈黑色的圆环"来推测的。

师：真好。你们看，作者的表达就是这样既生动又准确。大家有没有发现，推测还挺有意思的。作者虽然没有亲眼所见，但是他推测出了这一切。推测绝不是瞎编，是有依据的，推测是思考，是根据自己看到的想象以前发生的事情。课文中说："可以想象它们当时在黏稠的松脂里怎样挣扎，因为它们的腿的四周显出好几圈黑色的圆环。"请你试着推测一下，这只苍蝇，或者这只蜘蛛是怎样划动它的腿挣扎的？试着写一写它们当时挣扎的样子，尽量写得生动一些。

课件出示 ⬤

一大滴松脂从树上滴下来，刚好落在树干上，把苍蝇和蜘蛛一齐包在里头。蜘蛛＿＿＿＿＿＿＿＿＿＿＿＿＿＿＿＿＿

＿＿＿＿＿＿＿＿＿＿＿＿＿＿＿＿＿＿＿＿＿＿＿＿＿。

一大滴松脂从树上滴下来，刚好落在树干上，把苍蝇和蜘蛛一齐包在里头。苍蝇＿＿＿＿＿＿＿＿＿＿＿＿＿＿＿＿＿

＿＿＿＿＿＿＿＿＿＿＿＿＿＿＿＿＿＿＿＿＿＿＿＿＿。

（生尝试着写写，师巡视指导。）

师：哪位同学来分享一下自己的推测？

生1：一大滴松脂从树上滴下来，刚好落在树干上，把苍蝇和蜘蛛一齐包在里头。蜘蛛艰难地蹬着自己的八只脚，想把脚伸出包裹在自己身上的松脂，可它不但没有出去，反而使周围的松脂更加黏稠。最终，它不得不放弃了。

生2：一大滴松脂从树上滴下来，刚好落在树干上，把苍蝇和蜘蛛一齐包在里头。蜘蛛用八只脚搅来搅去，还用它的腿不时打一下苍蝇，最后实在没有力气了，再也动不了了。

生3：一大滴松脂从树上滴下来，刚好落在树干上，把苍蝇和蜘蛛一齐包在里头。蜘蛛艰难地舞动着它的八条腿，伸着头，努力地想要爬出去，可是无论它怎么挣扎都无济于事。就这样，它们被困在里面，永远也出不去了。

生4：一大滴松脂从树上滴下来，刚好落在树干上，把苍蝇和蜘蛛一齐包在里头。苍蝇想：哦，天哪！我怎么被包裹在这黄色的液体里了！唉，完了！我再也飞不出去了。

生5：一大滴松脂从树上滴下来，刚好落在树干上，把苍蝇和蜘蛛一齐包在里头。蜘蛛害怕地直尖叫：我真应该早离开这个地方，不应该把苍蝇当食物啊！

生6：一大滴松脂从树上滴下来，刚好落在树干上，把苍蝇和蜘蛛一齐包在里头。蜘蛛用自己那长长的腿，在松树那金黄而黏稠的泪珠中乱蹬。

师：多有意思的推测啊，同学们写得非常生动，值得表扬。同学们，一节课的时间过得飞快，这节课，我们了解到了琥珀的形成过程，请大家回家之后，做一个讲解员，向自己的家人和朋友介绍琥珀的形成过程。同时，王老师推荐大家阅读柏吉尔的《乌拉·波拉故事集》。这节课我们就上到这儿，下课！

点评："阅读链接"的两次阅读，指向不同，功能不同，对应的目标不同，使学生逐步知晓科普小品文的文体特征。对"推测"这个关键词语的理解，教师不满足于一般的说说意思，也不满足于比较与"推理""猜测"等词语意思的异同，而是在具体语境中训练学生运用"推测"的能力，使学生在丰富灵动的表达中感受琥珀形成过程的奇妙，同时，也进一步深化了对科普小品文体特征的习得，可谓一箭三雕、扎实深入。

总 评
科学小品文这样教
景洪春

王林波老师执教的《琥珀》一课清简厚实，疏密有致。

王林波老师以问题为圆心，组织学生质疑解疑，再对比分析，借助关键词句进一步强化或补充对文本的理解，落点为"问题解决"。从提出问题到解决问题，再到进一步发现问题，学生领会到了科学小品文的语言特点，掌握了具有普适性的阅读科学小品文的方法。

王林波老师的教学路径有二：一是围绕课文组织教学内容，关注科学小品文对学生思维发展与提升的价值，培养学生筛选信息、实证和推理的能力；二是引入"阅读链接"展开教学，关注科学小品文的语言风格，培养学生比较、辨析及运用的能力。

夏丏尊先生将"传染语感于学生"视为国文科教师的任务。王林波老师带着学生始终以探究的态度走进文本，逐步形成支架，从而落实单元语文要素"阅读时能提出不懂的问题，并试着解决"。更可贵的是，王林波老师引导学生探寻说明文的写作意图，发现其语言表达秘妙，使学生初步认识到，作为科普作家，作者的表达既生动又准确，让这节课的语文味更加浓厚了。

科学小品文该怎么教，我想大致就应如此吧。

运用多种方法　有效解决问题

——《飞向蓝天的恐龙》教学实录及点评

（统编版小学语文教材四年级下册第二单元）

点评：李竹平（特级教师）

单位：北京亦庄实验小学

一、谈话导入，激发兴趣

1. 看图片，聊恐龙。

师：前段时间王老师去参观恐龙化石博物馆，看到了很多恐龙化石，我实在很迷惑，你们能不能帮我看看这到底是哪种恐龙的化石？

（师依次出示霸王龙、三角龙、梁龙化石图片，生抢答。）

师：看来同学们对恐龙的了解还真不少呢，听你们这么一说，我觉得这个恐龙化石博物馆还是很值得去看看的。同学们，你们知道吗，这个恐龙化石博物馆竟然还展出了一只鸟的化石，你们看——（师出示翼龙化石图片。）

生：这是翼龙化石，不是鸟。

师：哦，原来也是一种恐龙的化石啊。同学们，我知道大家对恐龙很感兴趣，在影视作品中大家看到过恐龙吧。你们看，这是——（师出示霸王龙图片。）

生：霸王龙。

师：如果让你们用一个词来形容霸王龙，会用哪个词？

生1：威风凛凛。

生2：凶猛异常。

师：请你们完整地说一遍。

生1：威风凛凛的霸王龙。

生2：凶猛异常的霸王龙。

师：再看这个是什么？（师出示梁龙图片。）

生：梁龙。

师：大家知道吗，还有一种恐龙跟梁龙长得有点像，但不太一样，因为它不仅脖子长，尾巴也特别长。来，我们一起看看图片，谁知道它叫什么？

生：马门溪龙。

师：看着马门溪龙，你们想到用什么词语来形容它？

生：笨重。

（师板书"笨重"，指导书写"笨"。）

生：迟钝。

（师板书"迟钝"，指导书写"钝"。）

师：谁来完整地说一说？

生1：笨重的马门溪龙。

生2：迟钝的马门溪龙。

点评：看似随意的谈话，实际上是教师有意为之的精心设计，既激发学生学习兴趣，又结合事物积累语言，还为接下来的学习任务做好铺垫，一石三鸟。细细品味，设计感体现得淋漓尽致，课堂呈现出来的效果却自自然然。

2. 读课题，提问题。

师：今天我们要学习的课文是《飞向蓝天的恐龙》，看到凶猛的霸王龙，笨重迟钝的马门溪龙，再读读这一课的课题，你们有问题想要问吗？

生1：它们能飞上蓝天吗？

生2：它们是怎样飞上蓝天的？

师：今天就让我们学习这篇课文，了解恐龙是如何飞上蓝天的。

> **点评**：教师借助课题与"凶猛的霸王龙""笨重的马门溪龙"之间强烈的反差对比，进一步激发学生的阅读兴趣，同时也定位了阅读时的关注点和思考点。

二、学习字词，提出问题

1. 认读词语，读准字音。

师：请同学们打开课本，自由读课文，注意把字音读准确，句子读通顺，有不懂的问题请你写在课文的旁边。

（生自由读课文，思考，提出问题。）

师：刚才同学们读得非常认真，我相信如此认真的同学肯定认识课文中的词语，谁来试着读一读下面这四个词语？

（师出示词语：开辟、鸟翼、隧道、树栖，生认读。）

师：刚才这位同学读得不错，最后一个词，他读作树栖［xī］，你呢？

生：树栖［qī］。

师：他们俩读得不一样，到底哪个是正确的？

生：树栖［qī］正确，因为第四自然段带拼音了。

师：我问一下刚才这位同学，你现在会怎么读？

生：树栖［qī］。我之前没有认真读课文，所以出错了，下一次一定要注意认真读课文。

师：同学们，"隧"和"翼"这两个字笔画特别多，不好写，应该怎么写才好看呢？

生：每个部分都不要写得太大了，否则整个字就会非常大。

（师示范写，生练习书写这两个字，师巡视指导。）

2. 积累词语，尝试运用。

师：这篇文章中有不少四字词语，我们来读一读。

（师出示词语：五彩斑斓、凌空翱翔。生认读。）

师：读到五彩斑斓，你们想到了课文中提到的什么？

生：孔雀，五彩斑斓的孔雀。

师：真好，那如果说到凌空翱翔呢？

生：我想到了课文中写到的凌空翱翔的鸟儿。

师：同学们，我们在读书的时候，遇到好的四字词语，不仅仅要积累下来，还要像这样搭配着用一用。来，我们一起读一读。

生齐：五彩斑斓的孔雀、凌空翱翔的鸟儿。

师：下面这两个四字词语，谁来读？

（师出示词语：粗壮有力、形态各异。生认读词语，注意读准字音。）

师：这些词语大家读得很好。加大一下难度，谁能根据王老师板书的时间词来读课件中相应的词语？（师板书：两亿四千万年前。）

生：粗壮有力。

师：看到"两亿四千万年前"，你读的词语是粗壮有力，是因为你读到了这样一个句子——

生：地球上的第一种恐龙大约出现在两亿四千万年前。它和狗一般大小，两条后腿粗壮有力，能够支撑起整个身体。

师：非常好，我要写的第二个词语是"数千万年后"，你们读哪个词语？

生：形态各异。

师：是啊，这时候的恐龙可真是形态各异，有的——

课件出示

凶猛异常　茹毛饮血　温顺可爱
骨骼中空　身体轻盈　脑颅膨大　行动敏捷

生：有的凶猛异常，有的身体轻盈，有的脑颅膨大，有的行动敏捷。

师：同学们，读了这些词语，大家明白"形态各异"的意思了吧？

生：明白了，就是什么样的都有。

师：来，我们再读一读这些词语。

（生齐读这些四字词语。）

> **点评**：在字词学习上讲究扎实，考虑学情，且充分考虑文本中字词运用的特点，这是教师课文教学一贯坚持的做法和突出的风格。这样做，学生在字词的学习和丰富积累上都会受益匪浅。

3. 提出问题，梳理筛选。

师：同学们，我相信这篇写恐龙的课文大家一定很感兴趣。昨天预习的时候，包括刚刚在读课文的时候，大家一定也提出了一些问题，我们来分享一下。这样，我们以小组为单位进行交流。首先进行问题的梳理，合并相同的问题，然后进行问题的筛选，在你们认为最重要的问题旁边画一颗星，最终选出你们小组认为的最重要的、对学习这篇文章最有帮助的两到三个问题。好了，咱们四人小组合作学习，开始吧！

（四人小组交流讨论，师巡视。）

师：刚刚大家讨论得非常激烈。我发现有些小组的问题特别集中，好多人都问到了同一个问题。说说看，你们觉得重要的问题是什么？

生1：我们想问的问题是：恐龙是怎样飞上蓝天的？

生2：我们组想问的是：科学家是如何发现恐龙和鸟类有关系的？科学家拿什么证明恐龙和鸟类有关？

师：同学们问的问题很有价值。我们先来看第二个问题，要解决这个问题，我们应该读课文的哪一自然段？

生：第二自然段。

> **点评**：这个单元的阅读训练要素指向的重点学习目标，是在提出问题的基础上尝试解决问题。《飞向蓝天的恐龙》是本单元第二篇课文，学生应该能够自主地对所提出的问题进行"价值"判断，选择有阅读思考价值的问题帮助自己进一步理解课文内容，学习语言表达。教师科学准确地定位学习目标，选择小组合作的形式，确保了问题的甄别，有效率、有质量，为后面"解决问题"奠定了基础。

三、多种方法解决问题，聚焦字词，体会表达

1. 教师引导，教给解决问题的方法。

师：下面就请同学们自己读一读课文第二自然段，看看大家能不能在读课文的过程中解决刚刚提出的问题。

（生默读，思考。）

生：我知道了，我国辽西的发现向世人展示了恐龙长羽毛的证据。长羽毛的恐龙化石说明恐龙和鸟类有关系。

师：非常好。我们仔细读读这句话："辽西的发现向世人展示了恐龙长羽毛的证据，给这幅古生物学家们描绘的画卷涂上了点睛之笔。"注意这里有一个词：点睛之笔。看到这个"点睛之笔"，你们有问题想问吗？

生：为什么说辽西的发现是点睛之笔？

师：这个问题问得很好，要解决这个问题，我们应该阅读哪部分内容？

生：应该读第二自然段前半部分。

师：这叫什么方法？

生：联系上下文，这里联系的是上文。

师：请同学们仔细读读这部分文字，看联系上文能不能解决这位同学提出的问题。

（生默读，思考。）

师：有发现的话，我们来交流一下。

生：课文中说："20 世纪末期，我国科学家在辽宁西部首次发现了保存有羽毛的恐龙化石，顿时使全世界的研究者们欣喜若狂。"这之前一直都没找到证据，现在有了，所以把辽西的发现称作是点睛之笔。

师：对，以前人们只能说鸟类很可能是恐龙的后裔，但是一直找不到有羽毛的恐龙化石，现在终于找到了相关的化石了。你看，一联系上下文，就有答案了，看来，联系上下文是非常有效的解决问题的方法。在这篇课文后面，还有一个资料袋，我们来读一读，看看你们有哪些收获。

（生默读。）

生 1：我知道了辽西发现的带有羽毛的恐龙化石有中国鸟龙、近鸟龙、小盗龙等。

生 2：我知道了，"这些恐龙，有的身披纤维状的原始羽毛，有的身披五颜六色的片状羽毛，为科学界解答鸟类起源问题提供了重要依据"。

师：读了这段资料，相信同学们一定对刚刚提出的问题有了更深入的理解。看来，要解决问题，我们可以采用的方法有——

生：联系上下文和查资料。

点评：方法的学习，一定是在真实的需要和实践中才能得到落实。从学生提出的问题出发，教师相机提出新的问题，顺理成章地引导学生做进一步探究，从而在解决问题的真实任务中领会了方法运用的价值。

---

2. 聚焦用词，体会语言表达的精准。

师：同学们，我们回过头来看，在刚刚读过的第二自然段中，提到了科学家，科学家给你们什么印象？

生 1：非常伟大。

生 2：非常认真、严谨。

师：是啊，没有严谨的态度，怎么能有所发现呢？不过，我发现这段话中写的科学家好像有些不太严谨。你们来读读这段话，看看有没有什么发现。（师出示句子：在研究了大量恐龙和鸟类化石之后，科学家们提出，鸟类不仅和恐龙有亲缘关系，而且很可能就是一种小型恐龙的后裔。根据这一假说，一些与鸟类亲缘关系较近的恐龙应该长有羽毛，但一直没有找到化石证据。）

生1：我发现的词语是"很可能"。

生2：还有一个词是"应该"。

师：确实好像不太严谨。作为科学家，怎么说话这么不严谨？你们同意我的看法吗？

生1：我觉得科学家没有问题。因为没有下定论，只是一个推测，所以才这样写的。

生2：是啊，科学家也没有经历过那样一个时代，所以只能是推测。既然是推测，就只能用"很可能、应该"这样的词。

师：说得太好了，原来不是不严谨，而是这样用词更加准确。你们有没有留意在课文的最后一个自然段中也有一个词，表面上看好像不明确，实际上运用得非常准确，发现了吗？（师出示句子：科学家们希望能够全面揭示这一历史进程。）

生：作者说"科学家希望能够全面揭示这一历史进程"，好像不够肯定，实际上这样写是准确的，因为谁也说不上未来会是什么样子。

师：同学们说得太好了，我们一起读一读这两处句子吧。

（生读句子，体会作者用词的精准。）

> **点评**：不同的文体，有不同文体特有的语言学习价值。这是一篇科普说明文，说明文讲究表达的科学准确和语言运用的严谨。教师故意抛出自己的"疑惑"，目的就是引导学生有意识地注意到这一点。

3. 自主实践，运用方法解决问题。

师：刚刚同学们还提出了一个问题：恐龙是怎样飞上蓝天的？要解决这个问题，我们应该怎么办？

生1：可以运用联系上下文的方法。

生2：我们应该联系下文，读一读课文的第四自然段。

师：好的，下面我们就来读一读第四自然段。王老师有两个要求：第一，要画出表示时间的词语；第二，要画出关键词。这样，你们不仅能够解决这个问题，还能把恐龙飞上蓝天的演化过程讲清楚呢。

（生圈画，师巡视。）

师：来，我们交流交流，说说你们画出的表示时间的词语。

生：两亿四千万年前，数千万年后。

师：你画出的关键词有哪些？

（生先后说出粗壮有力、形态各异、凶猛异常、茹毛饮血、温顺可爱、骨骼中空、身体轻盈、脑颅膨大、行动敏捷等词语。）

师：紧扣这些关键词，同学们就能用简洁的语言讲述出恐龙演化的过程了，就能弄明白恐龙是怎样飞上蓝天的。我们先来自己练着讲一讲。现在，你就是一个解说员，讲述时，不仅要讲清楚，还要注意做到简明扼要。

（生练习讲述，师巡视指导。）

师：同学们，"我是解说员"活动现在开始。哪位解说员愿意给大家讲解讲解？我们掌声欢迎他到前面来！

生：在两亿四千万年前，其中有一些恐龙和狗的大小差不多，后腿非常有力。数千万年后，它们形态各异，有些恐龙凶猛异常，有些恐龙茹毛饮血，有些恐龙温顺可爱。其中一些恐龙慢慢变得骨骼中空、身体轻盈、脑颅膨大、行动敏捷。后来，它们的前肢能像鸟翼一样拍打，还长出了羽毛，渐渐学会了飞行。

师：这是其中一种说法，另一种说法是——

生：这些恐龙在奔跑的过程中，慢慢具有了飞行的能力。

师：有没有比他讲得更好的？想想看，你是讲解员，怎么讲解会更吸引大家？

（另一位学生举手，上台进行讲解。）

生：大家好，我是这里的解说员。今天，我要给大家介绍一下恐龙是如何演化成鸟类的。

师：好，掌声送给她。

生：在两亿四千万年前，有一种恐龙和狗的大小差不多，后腿非常有力。在数千万年后，恐龙变得形态各异，有的恐龙凶猛异常，有的恐龙茹毛饮血，有的恐龙温顺可爱，其中一些猎食性恐龙变得骨骼中空、身体轻盈、脑颅膨大、行动敏捷。慢慢地，它们学会了飞行的本领。另一种看法是，一种生活在陆地上的恐龙在奔跑的过程中慢慢学会了飞行。

师：不错，你最后还要说些什么吗？

生：谢谢大家，我的解说就到这里。

师：说得真好，让我们把掌声送给这位解说员。同学们，这节课我们就上到这里，最后王老师留给大家两个作业：一是请同学们收集更多的资料，进一步了解恐龙；二是请你做个解说员，向自己的家长介绍今天了解到的恐龙飞上蓝天的过程。

点评：这个环节既是前面学习到的方法的实践运用，也是学生语言表达的实践训练。恐龙到底是怎样飞上蓝天的，这一科学知识，仅仅意会，达不到学习语言文字运用的目的。重要的是要抓住关键信息，说清楚，讲明白。在这里，教师让学生用好两个支架——表示时间的词语和能够帮助理解的关键词语，有了这两个支架，再让学生以"解说员"的角色来讲解，就既训练了学生的表达能力，达到了讲清楚的目的，同时还暗含了方法的学习，积累了词语。

总　评

为学生有效地学而教

李竹平

王林波老师的这节课，一路赏析过来，给人总体的感觉是真正做到了为学生有效地学而设计和组织课堂。

有效地学，首先要让学生有策略地学。这节课，学生最得益的学习策略是联结和提问。联结的正是四年级上学期学习的"提问策略"。从感知课文内容到理解课文内容，提问策略是驱动，也是方向标。从提出自己的疑问，到讨论甄别问题的价值，再到围绕有价值的问题展开维度不同的学习活动，是提问策略运用的深化和自觉。

提出问题和甄别问题，目的不在问题本身，而是通过有价值的问题，能够让学生方向明确地阅读思考和探究，获得文本主要介绍的知识，习得文本中蕴含的语言表达方法，体会阅读学习的成就感。这样，学生才会在以后的阅读中，为了有所得而积极地运用提问策略。王林波老师深知这一点，所以有层次地运用好问题线索，和学生一起探究文本内容的秘密和表达的秘密。

有效地学，还要用好具体的方法，做到有方法地学。主导性的策略有了，如何进一步完成具体而细致的学习任务，那就要找到合适的方法。方法有学生结合已有经验"苏醒"地"联系上下文"，有教师引导的"结合资料"和抓住"表示时间的词语""关键词语"，而方法的运用，能够让学生切实经历整个语文学习的言语实践过程。

有效地学，对于文本阅读而言，必须在层次分明的言语实践活动上下足功夫。王林波老师花了很多时间在讨论恐龙和词语学习上，然后才进入文本内容的学习，才在理解和运用上着力。这是有策略的精心设计。讨论恐龙，是为了激发学生阅读探究的兴趣；词语学习，不仅是丰富积累，还为后面简洁清晰地解说"恐龙是怎样飞上蓝天的"做了铺垫。正因为这些学习内容和活动间是有层次、有逻辑、有关联的，所以才有了课堂上看得见的学生成长。

王林波老师这节课，单元阅读训练要素吃得透，文本价值抓得准，方法策略用得实，学生学得有效果，值得我们细细品味。

抓住主要信息　介绍太空生活

——《太空生活趣事多》教学实录及点评

（统编版小学语文教材二年级下册第六单元）

点评：王露（正高级教师）

单位：南昌市东湖区教研中心

一、联系生活，导入新课

师：同学们，上课前我们先来看一样熟悉的事物。认识吗？

生：这是水杯，我们每天喝水的时候都会用到。

师：对，每天喝水我们都会用到水杯。多喝点水，对身体健康是有好处的。我们再看一样东西——

生：这个是床，晚上睡觉的时候会用到。累了的时候，躺在床上，别提多舒服了。

师：继续看，这个是——

生：浴缸，夏天特别热的时候我会经常在里面洗澡。冬天冷的时候，泡个热水澡也会很舒服。

师：我们来看这幅图，这是我们的学校，很多同学是走路来学校的，离不开什么？

生：走路当然离不开双腿了。

师：有人却说，我行动不用双腿，洗澡不用浴缸，睡觉不用床，喝水不用杯子。你们说这可能吗？

（生有的说不可能，有的说可能。）

师：如果可能的话，这会是谁说的呢？我们来看看吧。（课件出示航天员的图片。）

生：航天员。

师：今天我们就来了解航天员的生活，走进太空，感受太空生活的乐趣。

（师板书课题后生齐读。）

二、学习字词，整体感知

师：此刻，很多同学一定迫不及待地想了解太空生活，想看看航天员在太空中到底是怎么样喝水、怎么样睡觉的，让我们赶快打开课本，读一读这篇课文吧。请同学们注意把字音读准确，句子读通顺，同时想一想航天员在太空中是怎样生活的。

（生自由读课文。）

师：刚刚大家读得特别认真，一定收获很大。我们来看一个词语，谁会读？

生：宇航员。

师：宇航员也就是航天员。说到航天员，你们会想到谁？

生：我听说过杨利伟叔叔，其他就不知道了。

师：看来大家对航天员的了解很少。这样吧，我介绍几位给大家认识一下。我们来看看他们的照片，哪位是杨利伟呢？

生：最左边的那位是杨利伟叔叔。

师：非常好，其他几位认识吗？我们来看看他们都是谁。（课件出示几位航天员的名字，与照片对应。）

生：聂海胜、费俊龙、景海鹏、刘洋。

师：认识了几位宇航员，我们再来读一读这个词语。

生：宇航员。

师：如果用"宇"字来组词，你会组什么词？

生：宇宙。

师：我还可以在他的基础上说宇宙飞船，我们像这样完整地说一遍。

生1：宇——宇宙——宇宙飞船。

师：我们用"航"也来组组词吧！

生2：航——航空——航空公司。

生3：航——航空——航空母舰。

师：就用这样的方式，"员"可以怎样组词？

生1：员——人员——工作人员。

生2：员——队员——少先队员。

师：我们在学习的过程中要善于把这些词语积累下来。来，我们再次读一读这些词语。

（生齐读词语。）

师：我们再来看这一组词语，谁来读一读？

生：睡袋、扶手。

师：读到"睡袋"，我估计有的同学想到了自己小时候用的睡袋。航天员也用睡袋，不过跟我们小时候用的睡袋可不一样。说到"扶手"，大家应该很熟悉吧？

生1：地铁里有扶手。

生2：公交车上也有扶手。

生3：电梯里也会有扶手，医院里也有扶手。

师：我们继续读词语——

生：饮水袋、浴桶、湿巾。

师：注意了，这里是饮水袋，不是热水袋。热水袋可以帮助我们取暖，但是里面的水可不能喝。饮水袋里的水可以完全放心地喝。刚刚这些词大家都读得很好，字音准确。不过似乎有些简单了。我来加大一下难度，给这些词语加上课文中出现的修饰词。谁来试着读一读？

生1：固定在舱壁上的睡袋。

生2：安装在舱壁上的特制的扶手。

生3：带吸管的饮水袋。

生4：密封浴桶、免洗湿巾。

师：大家读得真好，谁能够根据我在黑板上的板书，来读一读对应的一组词语？（师依次板书："睡觉、活动、喝水、洗澡"。生读对应的词串："固定在舱壁上的睡袋、安装在舱壁上的特制的扶手、带吸管的饮水袋、密封浴桶、免洗湿巾"。）

师：同学们，当我板书"洗澡"的时候，大家读的是"密封浴桶、免洗湿巾"，看看这三个词语，你们发现了吗，里面有几个带有三点水的字？

生："洗、澡、浴、湿"都带有三点水。

师：这几个字都跟水有关系。你们看，洗澡要用水，浴桶里要装水，如果没有水，就不叫湿巾了。来，看一看三点水，注意它所占的位置，你们发现了什么？

生：这四个字都是左窄右宽的，三点水占的位置很少。

师：是的，左边窄，右边宽。再看看，怎么才能把三点水写好呢？

生：写三点水时，第一个点高一些，第二个点稍微向外，第三个点跟第一个点看齐。

师：观察得真细致，三个点连起来就是一个括号的形状。来，拿出笔，跟老师一起在田字格里面写一写这四个生字，注意握笔姿势和坐姿都要正确。

（师示范书写后，生练习。生写完后跟板书进行对照，改进自己的书写。）

师：来，咱们一起再来读一读黑板上的四个词。

生读：睡觉、活动、喝水、洗澡。

师：如果让你们来介绍航天员在太空中的生活，可以从哪四个方面介绍？

生：睡觉、活动、喝水、洗澡。

师：刚刚读了课文，你们觉得太空生活有意思吗？课文中有两句话，说太空生活真有意思，谁发现了？请举手。

生1：你知道航天员在太空中怎样生活吗？说起来还挺有趣呢！

生2：你看，在太空中生活，是不是很有趣？

师：这么有意思的课文，要介绍给别人的话，我们就可以用上这两句话来吸引大家。如果你们要给你的弟弟或者妹妹来讲，这两句话可以怎么说？

生1：妹妹，你知道航天员在太空中怎样生活吗？说起来还挺有趣呢！

生2：弟弟，你知道航天员在太空中怎样生活吗？说起来还挺有趣呢！

生3：乐乐，你知道航天员在太空中怎样生活吗？说起来还挺有趣呢！

师：如果你要介绍给一年级的小朋友，可以怎么说？

生：小朋友们，你们知道航天员在太空中怎样生活吗？说起来还挺有趣呢！

师：介绍完了，还可以说——

生1：你看，在太空中生活，是不是很有趣？

生2：如果是介绍给一年级的小朋友的话，就可以说：你们看，在太空中生活，是不是很有趣？

师：真好，有一种面对面交流的感觉，很亲切，互动感很强。

三、汲取信息，介绍太空生活

1. 联系生活，介绍"睡觉"部分。

师：现在，就让我们先去看看在太空中航天员是怎样睡觉的。自己读一读课文第二自然段，把相关的信息勾画出来。

（生自由读课文，勾画词句。）

师：这段话读完了，谁来说说看，在宇宙飞船里睡觉跟我们在家里睡觉一样吗？

生1：不一样，在家里是睡在床上的，在宇宙飞船里是睡在睡袋里面的。

生2：在家里站着睡觉可不舒服，可在宇宙飞船里站着睡觉和躺着睡觉一样舒服。

师：是啊，在家里站着睡觉，那是很危险的。

生1：在家里站着睡觉，万一睡着了，就可能摔倒，把头磕个大包。

生2：在宇宙飞船里要想睡个安稳觉，航天员必须钻入固定在舱壁上的睡袋里。不然，一不小心就会飘到别处去。

师：这位同学说到了一个词：必须。谁能换一个词？

生：一定。

师：航天员必须钻入固定在舱壁上的睡袋里。他一定得这样做，如果不这样，会是怎样的后果？

生读：不然，一不小心就会飘到别处去。

师：晚上睡觉的时候在这里，结果早上睡醒了发现自己已经在那里了，不管怎样，还好是在舱体里面呢，如果飘出去了，那就有生命危险了。我们来看看航天员在宇宙飞船中睡觉的照片，结合课文内容，谁发现了两点非常重要的信息？

生1：站着睡觉和躺着睡觉一样舒服。

生2：航天员必须钻入固定在舱壁上的睡袋里。

师：读这段话我们就要抓住这两点非常重要的信息，借助这两点信息，看着图片，谁可以给大家介绍航天员在宇宙飞船里是怎么睡的？

（生相互练说后全班交流，师注意引导生说清楚要点。）

师：同学们，在介绍的时候，如果能够联系我们的生活实际，把航天员在宇宙飞船上睡觉的样子跟我们在家里睡觉的样子对比着来说，那就更清楚了。谁可以试着说一说？

课件出示 ➊

在宇宙飞船里，站着睡觉和躺着睡觉一样舒服，不像我们在家里

————————————。不过，要想睡个安稳觉，航天员必须钻入固定在舱

壁上的睡袋里，不像我们————————————。

生1：在宇宙飞船里，站着睡觉和躺着睡觉一样舒服，不像我们在

家里站着睡觉根本睡不着。

生2：在宇宙飞船里，站着睡觉和躺着睡觉一样舒服，不像我们在

家里站着睡觉就睡不着，只能躺在床上睡觉。

生3：不过，要想睡个安稳觉，航天员必须钻入固定在舱壁上的睡

袋里，不像我们在家里，只要躺在床上就能呼呼大睡，还能做个美梦。

2.反向思维，介绍"活动、喝水"部分。

师：通过同学们的介绍，我们发现在宇宙飞船中睡觉跟我们在家里

睡觉确实不太一样，确实挺有趣的。下面我们就去看看在宇宙飞船上是

怎样活动、喝水的，需要利用哪些特殊的工具。自己读一读课文第三、

四自然段，勾画出相关的词句来。

（生读课文，勾画词句。）

师：谁已经获取了相关的信息，跟大家分享一下？

生1：航天员在宇宙飞船里面活动的时候，得靠安装在舱壁上的特

制扶手，他们行动主要靠手，而不是靠腿和脚。

生2：航天员在宇宙飞船里面喝水的时候必须使用饮水袋，而且还

是带吸管的饮水袋。

师：谁能把他们两个人说到的信息整合起来，一个人来介绍介绍航

天员在宇宙飞船里是怎样活动、怎样喝水的。

生：航天员在宇宙飞船里活动的时候需要扶着特制的扶手，航天员

在喝水的时候必须得用带吸管的饮水袋。

师：现在咱们来读一读课文中介绍航天员活动和喝水的段落。

（生朗读课文第三、四自然段。）

师：同学们，我们试想一下，如果没有了安装在舱壁上的特制扶

手，会发生怎样的情况？

生1：没有了扶手，估计航天员就偏离了自己要去的方向。

生2：有可能走着走着就飞起来了。

生3：有可能走路的时候还转着圈儿。

师：他这哪里是走路，就是跳舞嘛，而且还是旋转舞，是不是？大家看，上一自然段介绍航天员在宇宙飞船里睡觉的时候用到了"不然"一词，说到了相反的情况，这里，你们能不能也用上"不然"，说说相反的情况？

课件出示 ●

为了方便航天员在舱体中活动，舱壁上安装了很多特制的扶手。平时，航天员会依靠这些扶手或其他设施稳定自己的身体。不然，_____

_____。

生1：平时，航天员会依靠这些扶手或其他设施稳定自己的身体。不然，一不小心就会飘到别处去。

生2：为了方便航天员在舱体中活动，舱壁上安装了很多特制的扶手。平时，航天员会依靠这些扶手或其他设施稳定自己的身体。不然，他就会到处乱飘。

生3：为了方便航天员在舱体中活动，舱壁上安装了很多特制的扶手。平时，航天员会依靠这些扶手或其他设施稳定自己的身体。不然，一不小心他就会变成孙悟空，在舱内翻起跟头来。

师：刚才我们还说到了喝水，航天员喝水用什么东西盛？

生：带吸管的饮水袋。

师：我们再来想想看，如果没有吸管，或者只能用杯子来喝水，航天员能喝到水吗？

生：不能。

师：这时候会发生什么事？

生1：水就飘出去，本来要往嘴里倒，结果水在头顶飘着。

生2：他把水杯倒过来的时候，水可能还在杯子里。

生3：水像果冻一样在空中飘着。

师：我们用上"不然"，试着说一说吧。

生1：航天员要想喝到水，得使用一种带吸管的饮水袋，直接把水挤到嘴里。不然，水会到处乱飞。

生2：航天员要想喝到水，得使用一种带吸管的饮水袋，直接把水挤到嘴里。不然，把水杯倒过来，水也不会流进嘴里。

生3：航天员想要喝到水，得使用一种带吸管的饮水袋，直接把水挤到嘴里。不然，水怎么都倒不出来。

师：同学们，你们知不知道为什么会出现这样的现象？在课文中找一个词语来解释解释。

生：因为水失重了，水是失重状态。

师：同学们，失重是一种物理现象，大家有没有听过"失重状态"这个词？

生1：丢失了物体本身的重量。

生2：就是没有引力了，水下不来。

师：为了让你们更直观地了解什么叫失重状态，我们来看一个小视频。

（师播放视频，生观看。）

师：大家看到了什么？刚才航天员松开手之后饮水袋怎么了？

生：饮水袋没有落下去，它飘在了空中。

师：饮水袋竟然飘起来了，看来到了太空中，谁都可以当魔术师。我看到航天员松开饮水袋之后没有掉落。现在在教室里，你能不能用你的玻璃杯做这个尝试？

生：不能，千万不要试，否则你的玻璃杯就碎了。

师：航天员都可以，我们怎么就不行呢？

生：我们在地球上，地球是有吸引力的。航天员在宇宙飞船上，那里没有地球的吸引力。

师：那是一种什么状态？

生：失重状态。

师：现在大家明白失重状态了吧？我们来看"失重状态"的"失"字，这个字是我们本课的一个生字，跟老师一起来写一写这个字。

（师板书示范书写，指导生进行书写，然后反馈交流。）

师：课文学到这里，同学们觉得太空生活怎么样？

（师引导生读课题："太空生活趣事多"。）

师：太空生活确实很有趣，通过刚刚的学习，我们了解到了航天员在宇宙飞船里是怎样睡觉、活动以及喝水的。谁能把这些内容讲给你的弟弟、妹妹，或者一年级的小朋友听？注意要用上吸引人的开头方式，介绍的时候可以联系并对比我们的生活。

生1：弟弟，你知道航天员在太空中怎样生活吗？说起来还挺有趣呢！我先给你介绍介绍他们是怎样睡觉的吧。他们会把一个睡袋固定在舱壁上，他们会钻进睡袋里面睡觉，要是不钻进固定在舱壁上的睡袋里的话，很可能飘过来飘过去，很难睡得舒服。你知道吗，在宇宙飞船里，站着睡觉和躺着睡觉一样舒服。真有意思！

生2：妹妹，我来给你介绍介绍航天员在宇宙飞船里活动的情景吧。他们行动不靠腿和脚，主要靠的是手。他们得抓着特制的扶手行动，否则很容易像小鸟一样飞起来。你看，在太空中生活，是不是很有趣？

生3：一年级的小朋友们，大家好！你们知道航天员在太空中怎样生活吗？说起来还挺有趣呢！航天员喝水的时候必须用特制的饮水袋，饮水袋上还有吸管，喝水的时候必须把水直接挤到嘴里，否则水是喝不到嘴里的，这是因为失重的原因。

师：同学们，太空生活果然趣事多，要想了解更多的太空趣事，王老师推荐大家一本书——《太空生活全接触》，它会帮助你们了解更多的太空趣事。同时，请大家认真书写本课所学到的生字，并向身边的小朋友介绍有趣的太空生活。

王林波
老师

━━━ 点　评 ━━━

实现科学小品文在低段语文教学中的价值

王露

　　《太空生活趣事多》是统编版小学语文教材二年级下册第六单元的一篇科学小品文。本单元的教学主题为"大自然的秘密"，单元教学重点是提取主要信息，了解课文主要内容。《太空生活趣事多》以对话的方式交流，用轻松活泼、浅显易懂的语言，讲述太空生活的趣事，让读者置身其中，给人亲切感。

　　王林波老师在执教这篇课文时，紧扣文本特点，将其潜在的语文价值充分挖掘了出来；王老师抓住单元学习重点，准确站位，有效提升了学生的语文素养，具体表现在：

一、开启获取信息的能力触点

　　阅读科学小品文是为了获取信息，增长知识。进入教材的科学小品文，自然承担着培养学生捕捉关键信息的阅读能力。低段学生阅读以字、词为单位，一字一词地读下来，容易出现分不清重点，眉毛胡子一把抓的现象。针对这一阅读特点，王林波老师用简单有效的办法引导学生发现关键信息：一是用联系生活的方式，如阅读关于在太空中航天员怎样睡觉的部分，王林波老师让学生说一说"在宇宙飞船里睡觉跟我们在家里睡觉一样吗"，进而引导学生发现"航天员必须钻入固定在舱壁上的睡袋里"才能睡个安稳觉这一关键信息以及"必须"这一关键词；二是用反向思维的方式，课文的第三、四自然段分别介绍了航天员在宇宙飞船里是怎样活动、怎样喝水的，和第二自然段相比，少了"不然"这一转折词，没有介绍相反的情况。王林波老师巧借这个不同，让学生试着补充可能出现的相反情况，进而捕捉到"失重"是造成这些现象的主要原因。学生在反向思维中感受到有趣之处，发现重要信息，同时思维方式也得到了拓展。

二、打开词语学习的特有方式

　　学习生字词是低段阅读教学中一个比较重要的任务。科学小品文中的生字词有其特殊之处，即专业术语、概念性词语比较多。这些词语有时会直接影响读者对内容的认知和理解。教学中如何教才能做到既让学生明白其意，又让学生从学习过程中获得语文素养的提升？

1. 将概念性词语与具体事物链接，让概念具体化。如教学"失重"这一专业术语，用播放小视频观看失重现象的方式帮助学生理解。再如"宇航员"一词，王老师问"宇航员也就是航天员。说到航天员，你会想到谁"，然后出示了几位为中国航天事业做出贡献的航天员，让学生认一认。这样教学，既让航天员一词具体化了，同时将育人观融入其中。

2. 将词语学习与文本阅读链接，为理解做铺垫。字词学习和文本理解结合起来，既有益于词语的掌握，又有助于文本的阅读。科学小品文的教学尤需如此。王林波老师深谙此理，教学中巧用心思。如关于"扶手、饮水袋、浴桶、湿巾"的教学，在学生联系生活弄懂词语所指事物的基础上，加大难度，给这些词语加上课文中出现的修饰词，让学生读一读词串，"固定在舱壁上的睡袋、安装在舱壁上的特制的扶手、带吸管的饮水袋、密封浴桶、免洗湿巾"，这些词串与生活中的普通睡袋、扶手等有很大的不同，是太空生活中特有的物品。学生在读词串的过程中化解了理解的困难，也化解了朗读文中长句的困难。

三、开展富有实效的语言实践

语言的建构与运用是语文学科核心素养的一个重要维度。学生只有在丰富的语言实践中，才能逐渐掌握语言文字的特点及其运用规律，形成个体的言语经验，进而在具体的语言情境中正确有效地运用语言文字进行交流沟通。王林波老师将"介绍太空生活"作为这堂课的一项核心任务，很好地发挥这篇科学小品文培养学生语文核心素养的作用。

在整体感知课文内容后，王林波老师抓住"有趣"给学生布置第一个任务：让你的介绍能吸引别人。在获取重要信息后，王林波老师又布置给学生第二个任务：借助关键信息，联系生活，逐一将有趣的太空生活介绍清楚。在全面清楚了解文本内容后，王林波老师提高要求，给出了第三个任务：完整地介绍有趣的太空生活。整个过程层次清晰，层层推进，水到渠成。

"介绍"是一种独白式的口语交际，往往因为没有听者的参与，使得介绍变成生硬的复述。王林波老师从任务伊始，就为学生设定了交际对象：你的弟弟、妹妹以及一年级的小朋友。这几个对象贯穿任务的始终，为独白式的口语交际增添了交际对象，让介绍者有了听众意识。当然，如果能将交际对象的身份设定得多样些，学生的训练也会更有挑战性，语言实践的体验也会更丰富些。

"介绍"时，需要介绍者用准确的语言真实还原事物本身，让听者获取贴近事实的信息。王林波老师在教学中，始终将表达建立在理解的基础上，先准确建构，后灵活运用。如介绍航天员在宇宙飞船中睡觉这一内容时，先让学生捕捉两点重要信息，然后借助重要信息进行清楚的介绍。随后，提出联系生活实际的方式，让学生在介绍清楚基本信息的基础上说得更有趣些。

总之，整堂课，王林波老师充分发挥低段科学小品文的教学价值，真正将教材当作一个例子，用教材教学生，培养学生的语文素养，为老师们教学低段科学小品文提供了很好的范例。

第五辑

习作教学

习作指导　有"法"，更要有趣

——习作《小小动物园》教学实录及点评

（统编版小学语文教材四年级上册第二单元）

点评：李斩棘（正高级教师）

单位：河南省商丘市基础教育教学研究室

板块一：链接图片与生活，发现人物与动物的关联

师：同学们，上课前我们先来看一幅图片，这是——？

（课件出示绵羊图片。）

生：这个是绵羊。

师：观察观察，绵羊的毛是什么样儿的？

生1：绵羊的毛软软的，看起来很暖和。

生2：它的毛卷卷的，还挺好看的。

师：看到绵羊卷卷的毛，你有没有想到你们家的谁呢？

生1：我想到了我的妈妈，她最近烫了个大波浪，就是这个样子。

生2：我妈妈也很爱美，她也是烫发头，头发卷卷的。

师：我们再看看这只绵羊，你们知道它吃什么吗？

生：绵羊最爱吃草，尤其是又嫩又绿的小草。

师：是啊，绵羊是草食性动物，肉那么好吃，它也不会吃的。说到这儿，你们有没有又想到你们家的谁呢？

生：我又想到了我的妈妈。我妈妈跟绵羊一样，也不吃肉。

师：啊？难道你妈妈做的肉不好吃，难吃到她自己都不吃吗？

生：不是不是，我妈妈做的红烧肉最好吃了，我和爸爸都是抢着吃的。

师：那你妈妈怎么不吃呢？一定是她想把好吃的都留给你和爸爸，你的妈妈真是太爱你们了。好感动啊！

生：那倒也不是。

师：赶快告诉大家，秘密是什么？

生：我妈妈怕长胖。

（众生大笑。）

师：原来如此啊，刚刚我们感动得差点儿掉眼泪了，这会儿我们笑得差点儿掉眼泪了。告诉大家，你妈妈吃饭有什么要求？

生：我妈妈特别爱美，她怕自己长胖，所有的肉她都不吃，只吃菜。

师：这样啊，有没有哪位同学的妈妈也这样？

生1：我妈妈也是的，她最近在减肥，中午还吃菜和米饭，晚上连菜都不吃。

生2：我妈妈更厉害，她吃菜之前还要用一碗水涮一下，她说这样就没有油了，就不会长胖了。

师：看来，妈妈们为了美还真是下足了功夫啊！现在，她们都成了绵羊的好朋友了，都只吃"绿色食品"。同学们，你们了解绵羊的性格吗？

生：绵羊绵羊，性格可绵了。

师：说得还挺有道理的，能具体说一说吗？

生：绵羊的性格温和，感觉它都不会生气。即便是生气了，也就咩咩地叫几声，声音还不大。

师：看来绵羊很温柔啊。如果要说温柔，那肯定要算是妈妈了。不过，很多时候，那个温柔的妈妈却是别人家的妈妈，而我们的妈妈呢，常常是这样的——（师出示图片。）

师：你们看到了什么？

生：一个妈妈正在发火，她伸着手指着什么，嘴里还在说着什么。

师：联系自己的生活，你能够想象这时的情景吗？

生1：我太熟悉这样的情景了。上次我写作业有些慢，我妈妈推门进来，指着我说：“你这么磨蹭，到底还想不想睡觉？”

生2：我上次考试成绩不好，妈妈指着我说：“爸爸妈妈天天为你忙，结果你看看，考试考成这样，你到底是怎么学习的？”

师：看来，这样的情景大家还挺熟悉的，如果用一种动物来比的话，你觉得你的妈妈像什么？

生：老虎。

师：妈妈像老虎，还挺形象的。其实，爷爷、奶奶、爸爸、你，都像是某种动物呢，我们的家就像是一个“动物园”。今天，我们就来写一篇作文——《小小“动物园”》。

板块二：有感而发尝试表达，借助例文学习写法

师：同学们，刚刚说到了自己的妈妈，我看大家很有感受，有不少话想说。这样吧，我们拿出笔，把自己最想说的话写下来吧，你是怎么想的，就怎么写。开始吧。

（生动笔写，大约5分钟时间。）

师：来，我们交流一下，谁来读给大家听听？

生：有人的妈妈很温柔，说话细声细气的，给人的感觉像春风。可那是别人家的妈妈，我妈妈一点儿都不温柔，甚至还很厉害呢，特别是吼起来时，那简直就是一只凶猛的大老虎。上次吃饭时，我不小心把汤洒了一桌子，我妈妈就狠狠地把我训了一顿，到现在想起来，我还很害怕呢。

师：真不错，你的妈妈确实很厉害，你写出来了。谁继续跟大家分享？

生：我的妈妈虽然没那么厉害，但是也很特别。我的妈妈说话声音并不那么大，但是总也停不下来。我吃饭的时候，她会不停地唠叨，让我多吃一些，特别是要多吃蔬菜；我写作业的时候，她也会不停地念叨，一定要认真、细心；我刚看一会儿电视，她又说什么看电视伤眼睛，休息时别看电视，可以看看远方。总之，她一直在我耳边说这说那，简直就是一只小麻雀。

师：同学们真了不起，只有短短的几分钟时间，大家写得还是很不错的。怎样才能写得更好呢？我们来看一篇例文，不过，这篇例文不太完整，需要同学们边读边思考。

课件出示 ●

我的爸爸胖胖的，很憨厚，像一只熊。

一家人在傍晚散步时，爸爸总是＿＿＿＿＿＿＿＿＿＿＿＿＿＿＿＿＿＿。

师：同学们，大家猜猜看，傍晚散步时，爸爸总是怎么样的呢？

生1：爸爸总是走得慢腾腾的，总是跟不上我和妈妈的步伐。而且，他稍微走得快一些，就会使劲喘气。还有，我们都没怎么出汗，他还没走多久，就开始冒汗，好像刚洗完澡一样。

生2：爸爸总是走在我们后面，可能是因为他太胖了，所以他走路时总是喜欢用一只手扶着自己的肚子，感觉要是不扶的话，他的肚子就会掉下来似的。

师：同学们说得太生动了。我们把动作分解一下，大家想想看，爸爸每走一步，他的肚子就会——

生1：他的肚子就会颤动几下。

生2：他的肚子就会响几下，因为爸爸总喜欢用手拍拍自己的大肚皮。

师：太有意思了。我们看看这篇文章的小作者是怎样写的，谁来把这部分读给大家听听？

生读：我的爸爸胖胖的，很憨厚，像一只熊。一家人在傍晚散步时，爸爸总是挺着圆圆的肚子走在后面，似乎相当沉重。每走一步，他的肚子就会剧烈地抖动一下，很有节奏。

师：刚刚无论是同学们的猜想，还是这位小作者写的，都挺具体的，大家发现什么秘诀了吗？

生1：我知道了，可以把人物的动作写得更清楚一些。

生2：可以把动作分解开来写，这样就更具体了。

师：大家说得真好，我们继续看这篇例文。小作者继续写道：爸爸的状态，经常惹得妈妈冷嘲热讽："＿＿＿＿＿＿＿＿＿＿。"大家继续猜猜看，妈妈会怎样说？

生1：妈妈冷嘲热讽："让你少吃点儿，你就是不听，看看，现在走路都喘了，再这样下去，以后你呀，只能坐在家里了。"

生2：妈妈冷嘲热讽："你看你胖的呀，走起路来，地面都颤动了，可别吓着别人，别人还以为地震了呢！"

生3：你看看你现在的样子，胖成日本相扑运动员了，还说让你保护我跟女儿呢，坏人真来了，你追都追不上。

师：同学们说得太有意思了，很生活化，很生动。现在，大家又发现了什么好的写作方法？

生1：我们还可以把人物说的话写下来，这样就更具体了。

生2：回想一下生活中的事情，联系生活来写，读起来会很亲切。

师：同学们说得太好了。学到了新方法，我们来修改修改自己刚刚写的片段吧。

（生动笔进行修改，师巡视指导。）

师：谁来分享一下自己修改的成果？

生：妈妈总说，别人家的孩子才是好孩子，我想说，别人家的妈妈也都不错。小明的妈妈，温柔；小刚的妈妈，也很温柔。而我的妈妈却很严厉，甚至可以说很厉害。上次吃完饭，爸爸让我把盘子和碗端到厨房去，结果厨房门是关着的。我两只手端着一摞盘子和碗，只能用胳膊把门把手往下压，结果一用力，上面的一个盘子掉到了地上，"啪"的一声，碎了。我妈妈跑过来，夺走了我手里的盘子和碗，狠狠地瞪了我一眼，大声吼道："你怎么啥事都干不了呢！"虽然她只说了一句话，但是我被吓得不轻，晚上睡觉时还做了个被妈妈批评的梦呢。这就是我的老虎妈妈。

师：大家觉得这位同学写得怎么样呢？

生：我觉得非常好，他写出了妈妈的眼神、动作，还有说的那句话，让我印象很深刻。

板块三：运用写法尽情表达，相互建议完善习作

师：看来，同学们已经掌握了写作方法了。同学们，动物园里可不止一种，妈妈可能像是大老虎，那爸爸呢？还有你的爷爷、奶奶、弟弟、妹妹呢？又像是哪种动物呢？

生1：我的爸爸像是黄牛，总在干活，而且还不爱说话。

生2：我的爸爸像是豹子，他干什么速度都特别快，无论是干活，还是走路，连吃饭都特别快呢。

生3：我的姥姥像是老母鸡，总是照顾着我们，把我带大了，又带我的表弟，她很辛苦。

生4：我的爷爷像是乌龟，他不爱动，总是坐在那里看报纸，听广播，还爱晒太阳。

生5：我的妹妹像是小老鼠，总是跑来跑去，还爱翻腾我的东西，翻出来就往嘴里放。我的橡皮有香味，差点儿被她当作好吃的给吃了。

师：如果让你们从刚刚说到的这么多人物里面选择一个人来写，你会选谁呢？请你拿出笔写下他的名字和对应的动物的名字来。

（生动笔写下写作对象。）

师：下面我们就来写一写除了妈妈之外的一个人物。大家注意，刚刚我们已经经过选择，确定了一个家庭成员，并且找出了与某种动物的相同之处，下面我们就拿出笔来写一写，写出这位家庭成员的特点来。

（生思考，动笔写。师巡视指导。）

师：我们来交流交流吧，谁来跟大家分享一下。

生：我写的是我的爷爷，他和乌龟最像。

师：有相似的地方，不错。我们来听听这位同学是怎样具体来写的。

生：很多老年人都特别喜欢广场舞，多热闹啊，而且还锻炼身体，但我的爷爷却不喜欢，不是因为他年龄不大，或者太大，只是因为他不喜欢动。他还说，要少动，即使动，也要慢慢动。我爷爷干什么都慢悠悠的，其实也不是说他走不动，就是慢。听奶奶说，爷爷从来都是个慢性子，能急死人。你看，爷爷又坐到了桌前，慢悠悠地拿起茶叶，放进茶壶，然后，轻轻地拿起刚刚烧好的开水，冲泡了一壶茶。他要开始边喝茶边看报纸了。爷爷伸出手，慢腾腾地从茶几上拿起当天的报纸，慢慢地打开，再拿起放大镜，开始慢慢地读报。看到我的爷爷，你们不觉得他就像是一只干什么都慢悠悠的乌龟吗？

师：同学们，你们感觉这篇文章写得怎么样？杨一涵的爷爷有没有给你们留下深刻的印象？

生1：杨一涵的爷爷太慢了，我觉得他写得特别好，他选了看报纸的例子，充分写出了爷爷的慢。

生2：我觉得让我印象最深的是爷爷看报纸时的动作，泡茶、打开报纸、拿出放大镜，这里的动作写得很有画面感。

生3：我觉得还有一个地方也写得特别好。他写到了奶奶，借助奶奶告诉大家，爷爷从来都是个慢性子。

生4：我有一个小建议，杨一涵的爷爷动作确实慢，但说话是什么样呢？也可以写一写。

师：这个建议挺不错的，杨一涵，爷爷在家说话是什么样的，有没有你跟爷爷在一起说过的什么话让你印象深刻？回想回想。

生：有，我想起来了。上次爷爷在看新闻联播，我在客厅里玩，跑来跑去的，还不断地尖叫。爷爷就慢腾腾地站了起来，跟我说话了。

师：爷爷动作那么慢，说话肯定也慢吧？

生：是的，爷爷慢腾腾地站起来，说：你别跑了，撞到了怎么办？别喊叫了，我都听不到新闻了，听到没？"

师：你怎么越说越快了，爷爷改变性格了？

生：不是不是，我说成我的速度了，爷爷是这样说的：你——别——跑——了，撞——到——了——怎——么——办？别——喊——叫——了，我——都——听——不——到——新——闻——了，听——到——没？

师：这也太慢了吧。

生：我这次是有些故意夸张了。总之，我爷爷说话，就像是看网络视频用了慢放效果。

师：比喻很形象啊。你的爷爷确实慢，你写得确实不错，特别是根据同学的建议，加上这段后就更棒了。来，你现在把你写的完整地读给大家听听。

生：很多老年人都特别喜欢广场舞，多热闹啊，而且还锻炼身体，但我的爷爷却不喜欢。不是因为他年龄不大，或者太大，只是因为他不喜欢动，他还说，要少动，即使动，也要慢慢动。我爷爷干什么都慢悠悠的，其实也不是说他走不动，就是慢。听奶奶说，爷爷从来都是个慢性子，能急死人。你看，爷爷又坐到了桌前，慢悠悠地拿起茶叶，放进茶壶，然后，轻轻地拿起刚刚烧好的开水，冲泡了一壶茶。他要开始边喝茶边看报纸了。爷爷伸出手，慢腾腾地从茶几上拿起当天的报纸，慢慢地打开，再拿起放大镜，开始慢慢地读报。

有一次，我爷爷在看新闻联播，我在客厅里玩，跑来跑去的，还不断地尖叫，爷爷就慢腾腾地站了起来，跟我说："你别跑了，撞到了怎么办？别喊叫了，我都听不到新闻了，听到没？"他说话的速度有多慢？你想想看网络视频用了慢放的效果，就明白了。看到我的爷爷，你们不觉得他就像是一只干什么都慢悠悠的乌龟吗？

师：同学们，大家发现没有，好的文章就是这样修改出来的。写好后，同桌互相读一读，进行修改，你的文章就会更好。现在，请同桌两人互相读一读，相互提出修改意见，再进行修改，开始吧。

（同桌互相读习作，进行修改。师巡视指导。）

师：谁来跟大家说说，你的同桌给了你什么好的意见或者建议，你是怎样修改的？

生1：我写的是我的妹妹。她特别爱抢我的东西，我写了她是怎么抢的。我同桌建议我可以把妹妹抢完我的东西后她的表情和所说的话都写出来。我觉得他的建议很好，我已经进行了修改。

生2：我也写的是我的妹妹。我妹妹特别爱吃东西，我写了她是怎么贪吃各种零食，并且每次都美滋滋的。我同桌建议我把妹妹吃东西尴尬的经历也写出来。我已经修改好了，读给大家听：我妹妹特别贪吃，家里的零食几乎都被她吃了，每次都吃得美滋滋的。不过，因为贪吃，她也尴尬过。上次我刚刚买了一块带香味的饼干形状的橡皮，打开包装，放到我的书桌上。等我洗完手，刚要从卫生间出来时，就听到了"吭吭吭"的咳嗽声，原来是我的妹妹啊！她捂着嘴在咳嗽。再看看书桌上，我的橡皮不见了。妹妹摊开手，我的橡皮的一大块在她的嘴里呢。这就是我贪吃的妹妹，简直就是一只小老鼠。

师：写得太好了，修改得很成功，感谢你的同桌。同学们，这节课的时间有限，马上就要下课了，希望大家课后继续修改自己的文章，修改好后誊写在作文本上。这节课就上到这里，下课。

点 评

巧用"例文"，以"评"促写

李斩棘

统编版小学语文教材在习作教学编排方面力图使习作便教利学，更加地注重学生习作能力的序列化。如何教好统编版小学语文教材的单元习作一直是一线教师感到困惑的问题，王林波老师的这节课给我们起到了很好的示范作用。

一、紧扣要点，从"趣"入手，明确习作目标

《小小"动物园"》是个很有意思的习作话题，编者的编排意图是要让学生联系生活，将家人的某一突出特点与动物相关联，把对一个人

"印象最深的地方写出来"。王林波老师紧扣单元习作要点，从"趣"入手，让学生先观察绵羊卷卷的毛，再联想到自己的妈妈。学生从自己身边熟悉的人开始谈起，激起表达的欲望，再自由表达对他们印象最深的地方，做到了有话可说，为完成本次习作目标做好铺垫。

二、了解学情，以"例文"引路，进行习作指导

习作教学要想有针对性地进行有效指导，必须要了解学生的学困点。王林波老师首先了解学情，让学生"怎么想的就怎么写出来"，再展示、交流，发现学生"思维不够开阔、表达不够具体"等问题后，又借助例文进行指导。很值得我们学习的是，王林波老师不是直接拿一篇例文做例子，而是出示不完整的例文，让学生猜一猜"傍晚散步时，爸爸总是_____"这样的活动，再次调动了学生的学习兴趣，让他们在不停地"猜""说"的过程中有感而发，自由表达，在轻松愉悦的氛围中自主发现习作方法。该例文的运用无疑打破了常规，给一线教师在如何用好习作教学中的例文、充分发挥其实效性等方面带来了深入的思考。

三、学以致用，以"评"促写，提升习作水平

王林波老师还以点带面，从引导学生关注家庭里的一位成员引向家庭里的其他成员，环环相扣、循序渐进地落实本次习作的主题——小小"动物园"。值得我们点赞的是，王林波老师注重学以致用。一节课多次让学生练笔，甚至进行了两次、三次写作。在评改的过程中，还引导学生转换角色，用上恰当的语气、语速将自己的习作读出来，从而自主发现习作中的修改之处，并做进一步修改。"好文章是改出来的。"学生的习作能力就在"写、修、改、再修、再改"的过程中得以培养，习作水平得以提升。应该说，这是一个充分体现统编版小学语文教材单元习作教学理念的优质范例。

层层推进　大胆想象

——习作《我的奇思妙想》教学实录及点评

（统编版小学语文教材四年级下册第二单元）

点评：汤瑾（特级教师　全国小语十大青年名师）

单位：杭州钱塘新区教师教育学院

一、联系生活，触发思考

师：同学们，今天在上课之前，王老师先带大家看一幅图片。（师出示小学生背着书包上学的图片。）你们看图上的两个小朋友开心不开心？

生：开心。

师：是啊，阳光普照，他们背着小书包要去上学了。看到这幅图片，我就想到了这样的一首歌。（师播放《上学歌》歌曲。）听过没有？会唱的同学也可以跟着一起唱。

（生跟唱歌曲。）

师：歌曲中的小朋友背着小书包，蹦蹦跳跳地去上学，这样的景象多么美好啊！然而现实生活中，我们的书包并不小——（师出示学生背着大书包、拎着袋子的图片。）你们看，有人不光背着大书包，还得再拎一个袋子。这种情况还算好的，最起码能背得动书包。有的人的书包更重，根本背不动，需要这样——（师出示拉着书包上学的学生图片。）这重重的大书包，有没有给你带来一些烦恼？

生1：走路的时候很不方便，要想快一些太难了。

生2：桌子抽屉太窄了，书包塞不进去，放在地上很容易弄脏。

师：书包放在地上脏了是小事，后面的同学很惨，刚一跑，啪，绊倒了。

生：我个子小，背上这个超级大和超级重的书包，都快站不起来了。

师：这还是男孩呢，换成女孩就更惨了。

生：书包太重了，把小朋友都压得长不了个子了。

师：是啊，原本抬头挺胸向前走的同学们，现在都得弯着腰走路了，看起来像是小老头呢。

> **点评**：从学生生活中最常见的书包入手，激发学生表达的欲望。当学生们面对沉重的书包开始情不自禁地"吐槽"时，他们的思维的火花已在悄然地迸发，为后面学生的"奇思妙想"埋下了伏笔。

二、开阔思路，大胆想象

师：如果有一种本领，你能够让其他事物变，想变成什么样子就变成什么样子，你们会让这个带给我们烦恼的大书包变成什么样子？

生1：我想让书包能变色，想变成什么颜色就变成什么颜色。

生2：我想让书包能防雨，下雨了都不用打伞，里面的书也不会被淋湿。

生3：我想让我的书包有一个特殊功能：看着很小，但是却能装很多东西。

师：同学们的发言很积极，值得表扬。不过，大家的想象还不够大胆，不够奇妙。王老师给大家介绍一本书——《奇思妙想李大奇》。李大奇有着奇思妙想，他发明了一口课本烹调锅。你们猜猜，这口课本烹调锅有哪些奇妙的功能？

生1：会不会是用课本做了一口火烧不坏的锅？

生2：这口锅应该可以一边做饭一边读书吧。

师：我们来看看吧——

课件出示 ●

有了"天宫学习神器"课本烹调锅这个神助攻，"背书老大难"的李大奇只要将课本炒一炒，美美地吃下肚，不管哪篇课文，都能倒背如流，轻松搞定。

师：这样的课本烹调锅神奇吗？

生1：太神奇了，我也想要一口这样的锅，不会算的题，炒一炒，吃下去，就全都会算了。

生2：我总是会把公式记混了，有了这口锅，我再也不用愁了。炒一炒，吃下去，就背得清清楚楚了。

师：大胆想象，打开思路。再想想，你们想让你们的书包变成什么样的？

生1：我想让书包变得非常小，想用的时候再变大，就叫如意小书包。

生2：我想变一个纳米书包，把书装进去，就像施了魔法一样，里头的书啊文具啊都变轻了，背着书包就像没背一样。

生3：我想让我的大书包上有一个按钮，一按那个按钮，大书包就变成了一个可以装书的盒子。

> **点评：** 教师抓住契机，从"变"字入手，引导学生由书包想开来，开启了学生的想象之旅。随后，教师从"天宫学习神器"切入，在猜想的过程中引发学生对书包的"大胆"想象。

三、层层推进，尝试表达

1. 明确写作对象，确定习作题目。

师：同学们，我知道除了书包，生活中还有很多事物也不是那么方便，你也想变一变。赶快拿起你的笔，在这张纸的三条横线上写出三样你最想变的东西，开始。

（生写想变的内容。）

师：咱们分享一下，你写了哪三种事物？

生：我写的第一个是文具盒，第二个是车，第三个是房子。

师：你想变车，肯定有原因吧，说说看。

生：现在的车不够漂亮。我想把它变成城堡的样子。我还想变房子，我一说"变"，它就变得和旅行箱一样，一拉就走。

师：我明白了，你是说这个房子随时可以拉，到哪儿去旅行就拉着，不用去住宾馆。真有意思，我们继续交流。

生：我想把我老爸我老妈变过来。

师：他要变的是老爸老妈。怎么变呢？

生：我希望我的妈妈有魔法，妹妹哭的时候，她只要摸一下，妹妹就能睡着了。我希望我的爸爸变成一个数学家，给我辅导作业的时候，就没有不会的数学题了。

师：太奇特了！同学们，如果咱们只能从里面选一个，你最想变的是什么？把它圈画起来。

（生思考，选择。）

师：说说看，现在你们只留了一个，留下的是什么？

生1：我留的是变冰箱。

生2：我想变的是房子。

生3：我想变的是书包。

师：课文中啊，有人想变小木屋，于是给它取了一个名字：会飞的小木屋；有人想让自己的鞋子有特殊功能，于是给它取了一个名字——水上的行走鞋。刚才你们也确定了要变的事物，你们会起什么名字呢？

生：我想变冰箱，把我家的冰箱变成蔬菜永远新鲜的菜市场。

师：给它取一个什么好玩的名字呢？

生1：就是《不花钱的菜市场》。

生2：我想把那个笔变成会自动给我写作业的笔，名字就叫《超级自动笔》。

生3：我选的是汽车，名字是《能环游世界的汽车》。

> **点评**：生活中引发学生奇思妙想的又何止书包呢？教师引导学生发散思维，再想想生活中最想变的三件事物。发散之后再聚焦，确定一个自己最想改变、最有想法的事物，让学生沉入想象的世界。

2. 引导大胆想象，写好一种功能。

师：确定了想要变化的事物，下面请你们在它的名字旁边写出三个特殊的功能来。

（生思考，写出特殊功能。）

师：我请一位同学跟大家分享一下。你写的是什么？特殊功能是什么？

生1：我要写的是泡泡糖，要是你生病了，吃一个病就好了；同时，它还可以像饭一样填饱肚子；另外，它永远不会吃完。

生2：我想写的是房子，它会变颜色，还能飞，我在哪里上学，它就会飞到哪里，这样就不用爸爸妈妈重新买房子了。另外，这个房子还能够冬暖夏凉，自带空调，不费电。

师：你们两个人可真有奇思妙想啊！刚刚两位同学说到的功能都很特别。怎样写会让人印象更深刻呢？我们可以举事例来写。现在请同学们拿出笔来写一写，选择你们想写的这个事物的一个特殊功能。注意，一定要通过举事例的方式，让我们读起来一下子就清楚它的特殊功能。来，开始吧。

（生动笔写，师巡视指导。）

师：很多同学都已经写好了，我们来分享交流一下。谁先来？我们请这位同学到前面来。你先告诉大家，你写的是什么事物？

生：我写的是无所不能的房子。

师：注意听，看看这位同学无所不能的房子有什么功能。

生：这个无所不能的房子不仅可以居住，还可以跟你聊天。你遇到了哪些烦心事，也可以跟它讲一讲，它还可以帮你解决疑难问题呢。更神奇的是，它还能解答你的数学题。有一次，我有一道题不会做，我就把这个烦心事告诉了它，它不仅安慰了我，还直接给我讲解了这道题，比我爸爸讲得还清楚呢！

师：果然很神奇。通过举例子，我们都了解你的这座无所不能的房子了，真好。谁来继续跟大家交流交流？这位女生，你的题目是什么？

生：我写的是全能汽车。我的全能汽车是流线型的，它是世界上最美的车。有少女风、霸气风、可爱风三种风格。

师：少女风是什么呀？

生：少女风就是非常可爱的那种，非常适合小仙女。

师：很有意思啊！继续读——

生：当我的汽车变成少女风的时候，内饰就是粉红色的，里面还有各种可爱的装饰，还有小姑娘都很喜欢的各种毛绒玩具、小零食。还会自动播放现在最流行的音乐。

师：真不错！估计咱们班就有不少同学会很喜欢。这样的少女风的汽车贵不贵？

生：这样的汽车还有一个神奇之处，那就是特别省钱。不仅是卖价便宜，更重要的是，它不用加油，你在开车的时候还会省出更多的钱呢，而且还很环保，nice！

师：最后你说的好像不是中文啊，是什么？

生：nice，就是很好的意思。

师：果然很好，来，掌声送给她。我要表扬我们班的所有同学，大家都有着奇思妙想，想象出来的事物功能也很奇特，真有意思！

点评：教师引导学生基于"奇思"，再进行"妙想"。即在所确定的事物的基础上着重想象它的功能，特别是让人意想不到的特殊功能。充分交流后，教师趁热打铁，引导学生及时记录下来，再进行交流分享。

3. 从说到写到改，写清事物的样子。

师：无论是无所不能的房子，还是全能汽车，它们的功能我们都了解了，但我们还想知道它是什么样子的。接下来，我们重点来写它的样子。像刚才写功能一样，我们可以先做什么？

生：用几个关键词记录要点。

师：然后呢？

生：可以同桌互相说一说，再写下来，跟大家交流交流。

师：非常好！我们就按照这样的步骤来做：第一，写出几个描述外表的关键词；第二，同桌相互说一说；第三，动笔写，写好了再交流交流。好了，开始吧，先给大家两分钟时间，写出描述外表的关键词来。

（生写出关键词。）

师：谁写好了请举手，跟大家分享一下，你写的关键词是什么？

生：我写的是《神奇的游泳池》，第一个关键词就是变色。

师：解释一下，怎么回事？

生：就是池底和四周的颜色可以变，这样水的颜色看起来就变了。变成什么颜色，主要看心情。

师：真神奇！还有吗？

生：第二个关键词是形状变化，就是游泳池可以变成圆的，也可以变成方的，可以变大，也可以变小，主要根据人多人少来变化。

师：很有意思。谁也来跟大家说说自己写到了哪些关键词？

生：我写的是泡泡糖，它是夜光的，吃起来软绵绵的。

师：好了，同桌相互说一说你要变化的事物的形状，然后就动笔写出来吧。

（生相互说一说，然后动笔写。）

师：很多同学都写好了，我们来交流交流吧！谁来跟大家分享分享？

生1：我写的是神奇的作业本。

师：她的作业本跟你们的有什么不同？我们注意听。

生1：这种作业本非常非常薄，但是，却永远用不完，而且价格非常非常便宜，你用自己的零花钱就可以买到。这个作业本还会变颜色，写语文作业时，它是蓝色的；写数学作业时，它是绿色的。更神奇的是，如果哪里写错了，那个地方就会变成红色，提醒你赶快改错。以前，你改错时用橡皮擦，一不小心，本子就被擦破了。现在就不会了，只要你轻轻一擦，一点儿痕迹都不会有。怎么样，这样的作业本神奇吗？你想不想要？

师：真有意思，同学们，你们觉得呢？

生2：我有一个更好的想法。如果这个本子能发光就好了，比如天阴的时候，它可以发出光亮，有太阳的时候它可以自动调暗光线。最好还有定时功能，写作业到了一定的时间，它就会发出声音，提醒你该休息了，或者该做眼保健操了，要注意保护视力。

师：这位同学的建议非常好。加上这位同学的建议，你的文章就写得更好了。大家看，写作文就是这样的，相互提出修改意见，能够让我们每个人的作文更加优秀。这样吧，你们相互交换一下习作，相互提出修改意见来。

（生交换习作，相互修改，提出建议。）

师：怎么样，修改得如何了，谁来分享分享？

生：我写的是神奇的泡泡糖。我写了泡泡糖的颜色和功能。我同桌给了我一个建议，挺好的。他说可以按照价格分等级，写出不同价格的泡泡糖的不同颜色和功能，我改了一下。

师：非常好，听取别人合理的建议，就能把作文修改得更好。读给大家听听吧！

生：魔法泡泡糖非常神奇，功能很多，不过一点儿也不贵，你用自己的零花钱就能买得到。一元钱的魔法泡泡糖是黄色的，吃起来软绵绵的，咬一口，它会流出橙色的果冻。吃了这种泡泡糖，所有的烦恼都会烟消云散。五块钱的魔法泡泡糖是蓝色的，上面有绿色的斑点。蓝色部分吃起来是蓝莓味儿的，绿色部分吃起来是苹果味儿的，咬开还会流出果冻。吃了它，不仅烦恼会烟消云散，还会变得很聪明。不过呢，变聪明的时间只能持续三十分钟。

师：那有没有十块钱的泡泡糖，可以让我的聪明持续久一点？三十分钟，考试还没结束呢，怎么办？

生：没有十块钱的魔法泡泡糖。不过你可以吃两块五块钱的魔法泡泡糖啊。

师：哦，两块啊。能想到这样的方法，我必须得说，你真聪明。课前你不会已经吃了一块五块钱的泡泡糖了吧！

（众生笑。）

师：同学们的奇思妙想不仅开阔了我们的视野，给了我们全新的体验，还带来了欢笑声。这节课的时间过得快不快？

生：这节课太有意思了。

师：今天这节课我们不光写了想要变化的事物的样子，还写了它的功能，把这两个内容连起来就是一篇非常好的文章——《我的奇思妙想》。课堂上我们写了其中的一种功能，课后你们还可以补充，再写出其他一两个功能来。写好之后请你们读给同桌听听，你们相互修改修改。另外，我推荐大家看一看《奇思妙想李大奇》这本书。多一些奇思妙想，我们的生活就会更有乐趣。今天的这节课就上到这里，下课。

> **点评**：写了事物的功能，当然也要介绍它的样子。教师从关键词语入手，引导学生展开想象，并进行交流和记录。由此，学生在课堂上，在层层推进的想象之中，完成了属于自己的"奇思妙想"。结课之前，学生进行了同桌交流后的二次批改。

总 评

创造属于学生自己的"奇思妙想"

汤瑾

王林波老师的这节课，从生活入手，激发学生的好奇心和求知欲，把想象的时间和空间充分还给学生，让他们在想象的世界里自由翱翔。

一、"奇思"有落点

"奇思妙想"从哪里来？它不是无源之水，无根之木，它牢牢根植于生活，从生活中来，为生活服务。教学中，王林波老师以学生常见的书包为触发点，引导学生由此想开来，在生活中寻找内心最渴望改变的事物。

二、"妙想"有方法

这常常是教师教学中容易忽略的地方。想象不是"想怎么写就怎么写"，而是有方法、有指向的。王林波老师从两个维度入手，一是写好事物的功能，先发散再聚焦；二是写出事物的样子，抓住关键词来想象。两个方面有详有略，相得益彰。

三、"奇思妙想"有空间

这节课，教师讲得少，学生讲得多、写得多。王林波老师充分信任学生，以"不愤不启，不悱不发"的四两拨千斤式的点拨与指导，拨动学生的心弦，更触动学生的想象，让学生在想象的世界里尽情放飞，创造出属于自己的"奇思妙想"。

中高段想象作文怎么教？王林波老师这节质朴、简洁的习作课相信已经给了你答案。所谓"大道至简"亦如此吧。

开拓思路　让表达方式更多样

——习作《心愿》教学实录及点评

（统编版小学语文教材六年级下册第四单元）

点评：李竹平（全国著名特级教师）

单位：北京亦庄实验小学

第一板块：链接生活，导入新课

师：同学们，今天上课前王老师先请大家来看一张图片。（师出示蛋糕图片。）看到这张图片，你们想到了什么时候的情景？

生1：我想到了过生日时的情景。

生2：一看到蛋糕，我就想到了自己过生日时特别开心的情景。

师：过生日时我们可不只要吃蛋糕啊，还要干一件很重要的事情。

生：许愿。

师：是啊，闭上眼睛，许下心愿，完了以后才能吹灭蜡烛，开始吃蛋糕。回想一下过生日的时候，你们都许过哪些心愿？

生1：我许的心愿是希望自己更聪明一些，考试成绩更好一些。

师：你为什么会许这个心愿呢？

生1：我的数学成绩不太理想，虽然我挺努力的，但成绩还是不够理想，所以我想让自己变得聪明一些。

师：持之以恒地努力，你一定会有收获。

生2：我许的心愿是希望自己考到一个理想的中学，这不仅是我的心愿，也是我爸爸、妈妈的心愿。

生3：我许的心愿是希望每天能看二十分钟电脑。

生4：我许的心愿是希望自己越来越帅，越来越高。

生5：我许的心愿是希望我们家少一些争吵，全家人更和睦。

师：老师猜测一下，你们家经常会出现争吵，对吗？

生5：是的。

师：我再猜测一下，可能是你作业没按时完成，或者写得不够好，于是，你跟妈妈之间就有了矛盾，开始了争吵。是吗？

生5：也不全是这样，更多的时候是我爸爸和妈妈之间在争吵。我很害怕，也不能安心写作业。

师：这就是你许愿，希望全家更和睦的原因。你的心愿很真诚，非常好。咱们班还有哪些同学也有类似的心愿？

（不少学生举手。）

师：不少同学都有这样的心愿，看来我们有必要跟爸爸、妈妈好好交流一下。

第二板块：借助歌词，开拓思路

师：同学们刚刚都说出了自己的心愿，我们来看看其他人又有着怎样的心愿呢？我们来听一首歌。（师播放歌曲《种太阳》。）

生：这首歌我会唱，是《种太阳》，歌曲里唱到的心愿是种太阳。

师：请同学们快速读一读这首歌的歌词，想想歌曲中的小朋友为什么会有这样的心愿？

课件出示 ●

种太阳

我有一个美丽的心愿	啦啦啦种太阳
长大以后能播种太阳	啦啦啦种太阳
一个一个就够了	啦啦啦啦啦啦啦
会结出许多的许多的太阳	种太阳
一个送给送给南极	到那个时候世界每一个角落
一个送给送给北冰洋	都会变得
一个挂在挂在冬天	都会变得温暖又明亮
一个挂在晚上挂在晚上	

生1：这个小朋友的心愿是种太阳，送给南极和北冰洋，因为那里太冷了，有了太阳就暖和了。

生2：他还要把太阳送给冬天，也是想让冬天暖和起来。

生3：他把太阳挂在晚上，是想让晚上不那么黑，这样胆小的小朋友就不用害怕了。

师：同学们，你们的表达非常完整，不仅说出了歌曲中小朋友的心愿，还讲出了他产生这个心愿的原因，非常好。大家把我们刚刚提到的自己的心愿跟这个小朋友的心愿比一比，看看有什么不同。

（生思考后同桌交流。）

师：谁来说说看？

生1：我发现我们的心愿比较小，都是跟自己或者家人有关的。这个小朋友的心愿比较大，说到了北冰洋、南极等。

生2：我也发现了，我们刚刚说的心愿都是个人或者家庭的，而这个小朋友说到了跟人类生存环境有关的内容。

师：你们说得太好了。确实是这样，我们也应该拓宽视野，关注更广泛的内容。除了关注个人和家庭，还可以关注整个社会，就像下面这幅图中所呈现的一样，这样我们的心愿就不那么局限了。

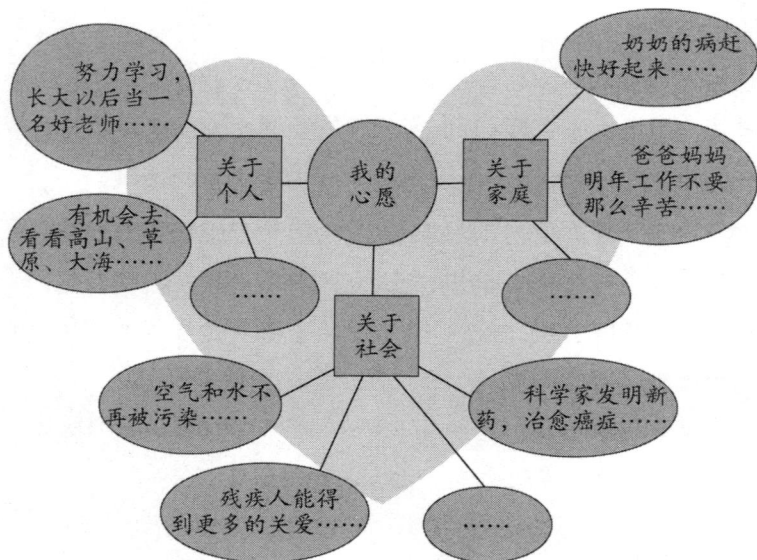

师：来，现在给大家两分钟的时间，大家写下自己的五个心愿。

（生动笔来写自己的心愿。）

师：好了，咱们来分享一下，你写出的五个心愿是什么？

生：我的第一个心愿是希望自己的视力能够恢复到5.0，再也不用戴眼镜了；第二个心愿是希望自己长得更高一些；第三个心愿是希望世界上没有病痛；第四个心愿是希望我们跟大自然和谐相处；第五个心愿是希望世界和平，不要有战争。

师：真好！你看，刚刚你的心愿只关注自己和家人，这次视野更广阔了，值得表扬。还有谁能跟大家分享一下自己的五个心愿？

生：我的第一个心愿是让山里的孩子都可以有学上；第二个心愿是让汽车可以不用汽油，而是用绿色能源；第三个心愿是希望所有人都能保护森林。

师：这个同学特别值得表扬，刚刚发言时只关注了自己，希望自己长得更高更帅，而现在呢，关注的是更广泛的内容。不过，跟自己有关的心愿也别全都丢掉了。你的第四个心愿是——

生：我的第四个心愿是希望所有的父母都能够不吵架；最后一个心愿是希望我们班的同学都能考上理想的中学。

师：值得表扬！同学们，刚刚我们写下了五个心愿，如果你只能选择一个心愿来写，你最想写的是哪一个？请你把这个心愿圈画出来。

（生思考，圈画。）

师：跟大家分享一下，你最想写的心愿是什么？

生：我最想写的心愿是每一个家庭都能无忧无虑。

师：每一个心愿的产生都是有原因的，你有这样的心愿，可能是因为你们家庭中有某些忧虑，对吗？

生：是的，我最大的忧虑是担心考不上重点中学。我爸爸、妈妈的忧虑也是担心我考不上重点中学。

师：你能够考上重点中学是你们全家人的心愿啊！为了实现心愿，我们往往会做出一些努力，去做一些事情。说说看，你们全家是怎样努力的？

生：我在学校认真学习，把老师布置的作业都写正确。我妈妈给我报了语文、数学、英语三个辅导班让我上；我爸爸负责让我熬夜做题。

师：熬夜，好辛苦啊！一般你什么时间睡觉？

生：一般是晚上十一点左右，最晚的一次都凌晨一点了。

师：太辛苦了，做了这么多努力，效果怎么样？

生：成绩提高了不少，我拿到考试题不那么紧张了。

师：努力了就有收获，加油！

第三板块：引导思考，点拨写法

师：同学们，在刚才交流的过程中，你们有没有发现这次我们写"心愿"的一些方法？

生：我知道，我们首先要确定好要写的心愿是什么，一定要选择最想写的内容，这样就有话可写了。

师：非常好！首先我们要选好题材，选择感受深刻的内容来写。

生1：我觉得可以写一写产生心愿的原因，自己是怎样做的。

生2：也可以写一写心愿实现后的景象，比如我希望自己能够长得更高一些，那我就可以写一写自己长高后的感受。

师：说得很好！是的，我们选择好最想写的心愿后，就可以从心愿产生的原因、自己的努力以及心愿实现后的景象等方面来写。这是一种方法，我们还可以用其他方法来写，大家看看下面这篇文章，你们发现了什么？

课件出示 ◐

我　想

高洪波

我想把小手
安在桃树枝上。
带着一串花苞，
牵着万缕阳光，
悠啊，悠——
悠出声声春的歌唱。

我想把脚丫
接在柳树根上。
伸进湿软的土地，
汲取甜美的营养，
长啊，长——
长成一座绿色的篷帐。

我想把眼睛
装在风筝上。
看白云多柔软，
瞧太阳多明亮，

望啊，望——

蓝天是我的课堂。

我想把我自己

种在春天的土地上。

变小草，绿得生辉，

变小花，开得漂亮。

成为柳絮和蒲公英，

更是我最大的心愿。

我会飞啊，飞——

飞到遥远的地方。

不过，飞向遥远的地方，

要和爸爸妈妈商量商量……

生1：我发现作者写到的心愿不止一个，有好几个呢，比如：把小手安在桃树枝上，带着一串花苞，牵着万缕阳光；把脚丫接在柳树根上，伸进湿软的土地，汲取甜美的营养。

师：还有吗？谁来补充？

生2：还有把眼睛装在风筝上，看白云多柔软，瞧太阳多明亮；把自己种在春天的土地上，变小草，绿得生辉，变小花，开得漂亮。成为柳絮和蒲公英，更是我最大的心愿。

师：除此之外，你们还知道了什么？大家看，这段话中除了写心愿是什么，还写到了什么？

生3：我知道了，我们既可以写一个心愿，写清楚产生心愿的原因，自己是怎么努力的以及实现心愿后的情景，还可以写好几个心愿。

生4：我知道了，我们可以写记叙文，还可以写诗歌。

师：非常好，确实是这样的。我们可以根据自己选择的内容的特点，选用合适的文体来表达，这样我们的文章才能更吸引人。比如刚刚这位同学说了，希望自己的家庭更和睦，那就要跟父母沟通啊，这时候，我们用什么文体表达好呢？

生1：书信，可以写信给爸爸妈妈，写好了悄悄地放在他们的枕头下面，他们一定会看到的，这样他们就了解我们的心愿了。

生2：我准备写的心愿是关于保护秦岭的内容。我准备用倡议书的形式来写，可以吗？

师：非常好，我相信听了你的倡议，一定会有更多的人一起加入到保护秦岭的队伍中来，我也相信，经过大家共同的努力，你的心愿一定会实现的。

生：我准备写的是自己的好几个心愿，我准备用诗歌的方式来写，就像刚刚我们读到的《我想》这首小诗一样。

师：很好，你的想法不错，希望你能为大家呈现出一首优美的小诗来。其他同学呢，谁继续来分享？

生：我的心愿是让所有的孩子都能上好的学校，即便是大山里的孩子。我想根据我在旅游时的见闻来写，我准备写的是一篇记叙文。

师：很好，有亲身经历，你一定能写出真情实感来，期待你的佳作！

生：我的心愿是长大了当一名练习生。

师：好了，同学们，现在我们就开始动笔写吧，用适合自己所选取内容的文体，把自己最真实的想法写出来，表达出自己的真情实感。

（生动笔写，师巡视指导。）

第四板块：不断改进，完善习作

师：同学们，在刚刚过去的10分钟时间里，不少同学都已经将自己的心愿写了出来，非常好，值得表扬。我们知道，好的文章一定要经历一个反复修改打磨的过程，接下来，我们就来修改自己的习作，不断完善自己的习作。首先请大家读一读自己的习作，在读的过程中，你可能会发现错别字，记得及时改过来；你还可能会发现有些句子不够通顺，想一想，把它修改通顺了；或许，你还会发现有些地方没有完全表达出自己的意思，也别忘了进行修改。好了，开始认真地默读，仔细地修改吧！

课件出示

修改内容	完成情况
我发现了几个错别字并进行了修改	☆ ☆ ☆ ☆ ☆
我找到了不通顺的地方并进行了修改	☆ ☆ ☆ ☆ ☆
没有表达清楚的地方进行了调整或补充	☆ ☆ ☆ ☆ ☆

（生进行自主修改，师巡视指导。）

师：跟大家分享一下，你在自读的过程中发现了哪些问题，是否进行了修改，效果怎么样？

生1：我发现了好几个错别字，其中有两个字原本是会写的，可能刚刚太着急了，结果给写错了，不过现在都订正过来了。

生2：我在自己读的过程中发现了几个句子有些多余，我就直接删掉了。

生3：我是通过自己的旅游见闻来写让每一个孩子都能上好学校这个心愿的，在读的过程中，我发现自己对景物的描写有些多了，就删掉了一些。我还发现习作中对自己的想法、语言写得很多，对文中的那个小姑娘的描写太少了，所以我就补充上了一些那个小姑娘说的话。我觉得现在好多了。

师：表扬这三位同学，特别好。写完一篇文章，我们就要这样，自己认认真真地读上几遍，在读的过程中，你会发现一些问题，通过自主修改，我们的习作就能不断被优化。不过，我们也知道，一个人的视角往往是有局限性的，如果能够让同伴们帮我们改一改，我们的习作一定会更加优秀。接下来，你可以找你的同桌、你的好朋友交换习作，相互改一改。我们可以从以下两个方面重点来进行修改：一是语言是否通顺、流畅；二是意思是否清楚、明白。开始相互修改习作吧！

修改内容	修改效果
语言通顺、流畅方面的修改	☆ ☆ ☆ ☆ ☆
意思清楚、明白方面的修改	☆ ☆ ☆ ☆ ☆
我最大的收获	

（生交换习作，相互修改。师巡视指导。）

师：同学们，刚刚在相互修改习作的过程中，你有没有印象特别深刻的地方？

生：我同桌给我的修改意见挺好的。我一开始是这样开头的："十全十美，总是那么难以做到，所以就有了人们心中对完美事物的追求，这就是心愿。我的心愿，我的心愿嘛，其实也没什么，现在想起来，我的心愿是人类共同的心愿。好了，不再啰唆了，下面我来讲给大家听一听。"

一开始我觉得自己写得还挺不错的，但我的同桌说，我写得有些啰唆，有些"水"，比如："我的心愿，我的心愿嘛，其实也没什么。""好了，不再啰唆了，下面我来讲给大家听一听。"他建议把这些句子直接删除。我觉得挺有道理的，这些句子确实有点儿凑字数的目的。

师：看来你的收获不小呢！真好，也感谢你的同桌！经过修改，我相信同学们的习作一定更加完善了。我们来分享一下，谁把自己经过修改的习作读给大家听听？

生：我的心愿是当一名练习生，原本我计划用书信的方式来写，后来改成了记叙文，我读给大家听听吧：

每个人都有自己的心愿，每个人的心愿也都不同。有人想成为医生，救死扶伤；有人想当警察，保护人民；有人想成为老师，培育下一代；有人想当厨师，为人们带来美味佳肴。我的心愿是成为一名某某公司旗下的练习生，因为我的偶像在那里，而且我的爱好也是唱歌和跳舞。

可能你会说，这也太简单了吧，会唱歌会跳舞就可以了。其实不是的，你看看那些顺利出道的姐姐们，她们不断地练习，付出了多少汗水，流了多少泪水，才换来了最后的成功。

练习生在舞台上很风光，但是我知道这个行业也有一定的风险：如果你不努力练习，很可能就会被刷下来；就算你非常努力，最后成功了，但也会有舆论的压力，或者有黑粉的嘲笑与骂声。

你可能要问：有那么多的风险，那你为什么还想当练习生呢？因为热爱。就像你喜欢足球，奔跑那么累，但你还在球场上奔跑；就像你想当医生，明明知道病毒可能会传染，你依然会竭尽全力救治病人。我们的心愿是一样的。

我呢，在学习上也就是个中下等，语文、数学、英语的成绩不怎么理想，画画儿也不怎么好，我就是喜欢唱歌、跳舞。虽然我没有专业学过音乐，但同学们都说我的歌声很好听。我练过舞蹈，大概有五六年的时间。我相信，我喜欢的事情无论有多么艰难，我都会坚持下去。

在学校里，大大小小的活动我都参与其中了。我喜欢参加排练和演出，不管排练多辛苦，需要多长时间，哪怕上台表演只有几分钟，我都很享受那种感觉。

我会不断努力，让心愿早日成为现实。

师：让我们把掌声送给这个同学，她写得真不错。我知道，在你们这样的一个年龄段，追星是极为正常的事情，这位同学的文章写出了自己真实的感受，真诚的心愿，同时又有着满满的正能量。追星，但我们绝不迷失方向，我们可以从明星的身上汲取力量。短短的十分钟时间里，能够写出自己最真实的感受，能够做到语句通顺，意思清楚，很值得表扬！当然了，帮助她进行修改的同学也要表扬，最终的成果是你们共同努力得来的。我知道，还有的同学写了小诗，写了倡议书，写了书信，今天在课堂上我们不能一一展示了，课后请同学们进一步修改完善你们的文章，然后誊抄在作文本上。这节课就上到这里，下课。

点 评

习作教学，须有儿童视角

李竹平

一节好的习作指导课，应该能从多维度给予学生启发，不仅要激发学生的表达欲望，更要让学生的表达有切实的内容，有适切的方法，有积极的体验。王林波老师的这节课，想学生之所想，从学生的学习需要出发，导而无痕，学而有迹，学有所进，是一节扎扎实实且令人赏心悦目的好课。

一、学为中心，多维支撑

依托教材的习作教学，教师读懂教材的意图并不难，难的是如何从学生实际和需要出发设计出支撑有效学习的教学思路，其中学习资源的开发和利用，更体现出一名教师的专业素养。

这次的习作，话题是"心愿"，看上去应该是一个不需要教师给予多大引导和帮助，学生就会有话可写的习作任务。但结合这次的习作训练要素——选择合适的方式进行表达，以及教材中指出要根据表达需要用心选择材料等要求，学生实际上面临着多方面的学习挑战。这些挑战包括内容的确定、材料的遴选、表达方式的选择等。

从话题开启到拓展思路再到写法点拨，这种逻辑清晰、层次分明的学习路径设计，是否一定能带来看得见的学习效果呢？只要设想一下，如果教师只是站在自己的角度，用一个个问题来推进，学生也能给出教师想要的回答。但是，这种教师主导和暗示的答案，仅仅是答案，并不能帮助学生进行积极主动的内部思维的梳理和建构。王林波老师对这一点看得十分透彻，所以，每一个学习环节和任务，他都对学习资源进行了精心选择。生日许愿、歌曲《种太阳》、诗歌《我想》，很自然地促进了学生的反思性和创造性学习活动的展开，从不同维度给予了学生学习支持，为接下来的动笔作文打下了厚实的基础。

正是因为王林波老师能够从学生的角度来确定作前指导的内容、路径和策略，并精心开发和利用合适的学习资源，给予学生多方面的启发和多维度的支撑，才能幸福地和学生一起享受着学习和收获的过程——课堂学习最美的状态，就是师生共同成长。

二、注重体验，习作育人

习作学习是一个以多维度体验为支撑和目的的课程活动。活动过程中，真实而积极的情感体验、准确而流畅的语言文字表达体验、分享交流中的互动体验等，汇聚成学生自我实现的成长体验，从而达到习作育人的目的。习作育人的目的以润物无声的方式实现了，也就进一步促进了学生学习意义的自我建构，形成了学习体验的良性循环，让学生爱上习作。

王林波老师深谙此道。

过生日许愿的话题，激发了学生的表达欲望，同时，让学生感受到了学习活动是"有我"的，是"为我"的，是可以抵达"自我实现"的。这就为后面任务的主体性内化奠定了基础。从生日许愿的"小我"之愿到歌曲《种太阳》中的"大我"之愿，表面看是为了拓展作文选材的思路，实际上背后还隐含了"自我实现"的秘密。诗歌《我想》的运用，让学生看到了表达方式的多种可能和选择的自由，进而体验到习作表达的"创意"价值，让自我实现更进一步。

总之，无论是从学生在课堂上呈现出的学习状态，还是从课堂学习成果来看，这都是一节符合学生认知规律和成长需求的好课，是契合学生"心愿"的好课。

第六辑

整本书阅读教学

深度思考　有效阅读

——《十万个为什么》整本书阅读教学实录及点评

（统编版小学语文教材四年级下册快乐读书吧）

点评：李祖文（特级教师）

单位：广东省深圳市福田区园岭小学

一、谈话导入，激发阅读兴趣

师：同学们，我知道每到节假日大家都会外出游玩，你们都去过哪些地方？

生1：我去过苏州的拙政园，我觉得那里古色古香，特别美丽。

生2：我去过涠洲岛，那里的自然景观特别优美。

生3：我印象最深的是九寨沟，在四川省，那里的五彩池真是太漂亮了。

师：不管我们去的是园林山川还是江河湖海，都是需要我们用眼睛去欣赏的。今天，王老师想带大家去一个地方旅行，这个地方和你们以往旅行过的地方有所不同，赶快来看一下我们要去的是什么地方吧。

1. 水龙头　2. 炉子　3. 桌子和灶台　4. 厨房的锅　5. 餐具柜
6. 衣橱

师：看到这些你们即将要去的"景点"，感觉怎么样？

生1：这好像不是什么景点，好像是我们家的厨房。

生2：我在想我会不会出来的时候已经被熏黑了。

师：这些地方确实有点儿特别。以前我们旅行去的地方需要用眼睛欣赏，而在这里你们除了用眼睛看，更需要——

生：用心去想。

师：是的，我们每个人必须用心去感受，不断去思考，才会有更大的收获。现在，就让我们打开这本书，开始我们的奇妙之旅吧！

二、层层推进，获取相关信息

（课件出示《十万个为什么》的篇章导语页，生看。）

师：这页纸有点儿特别，一般来说，一页纸上应该多写一点字，这样才不会浪费。大家看这一页，上面部分没有字，底下的文字也不多，谁知道像这样的一页纸是什么？

生：这是这个章节的导语页，告诉了我们这个单元的主题是《房屋漫游记》。

师：导语页虽然文字不多，但特别重要，从中我们可以获取到很多信息。请同学们仔细阅读这段文字，看看你们能够获取哪些信息？

房屋漫游记

在我们每天吃饭、休息的房子里，有那么多谜题值得我们去探索，它就像一个既熟悉又陌生的神秘国度，能让我们去不断探索和发现。

探寻房子中的秘密，揭开神秘国度的谜底，我们可以随时出发。这一路上会妙趣横生让你流连忘返，并且，我们并不需要地图，因为我们不会迷路。

师：到这样的地方漫游，我们应该怎么做？谁能用这段话中的几个关键词告诉大家？

生：探索和发现。

师：探索时一定要用心思考，要有所发现一定要敢于提出问题，我们现场试一试。（课件出示厨房里水龙头流水的照片。）这张图片熟悉吧？提一个问题？

生1：谁开的水龙头？为什么要开水龙头呢？

生2：为什么要开这么大？

师：你们现在的提问还在妈妈做饭的层面，还没有到科学层面。谁再来试试？

生3：水龙头里的水是怎样流下来的？

生4：池子里的水是怎么积住的？

生5：为什么从水龙头里出来的水是柱状的而不是散状的？

生6：为什么水龙头的把手一扳水就能流下来？

生7：为什么水龙头的管子是弯的，不是直的？

生8：为什么水龙头的水流到池子里的时候会泛起水花？

师：同学们提了很多问题，非常好，这说明大家在思考。（课件出示打开的燃气灶的照片。）你们想提什么问题？这次不许提"谁把它打开的"这样的问题，要尽量有点儿科技含量。

生1：为什么燃气灶的火是蓝色的？

师：我发现同学们越来越会思考，越来越会提问了。

生2：燃气灶为什么要把火圈设计成一个圆形的呢？

师：是呀，有同学说我喜欢长方形的，也有同学说我喜欢心形的，那岂不是更好看。

（生笑。）

生3：为什么燃气灶火孔之间有些空隙？为什么不把空隙连起来呢？

生4：燃气灶有没有可能以后就不用天然气了，直接用空气？

师：太好了，我要表扬咱们班同学，你们带着思考，提出了很多问题，提问的质量越来越高了。同学们，我们再来读一读这段导语，关注作者的表达，看看你们有什么发现？

课件出示

探索房子中的秘密，揭开神秘国度的谜底，我们可以随时出发。这一路上会妙趣横生让你流连忘返，并且，我们并不需要地图，因为我们不会迷路。

生：我觉得这个作者挺好玩的，很幽默。

师：能不能具体说说？

生：作者说我们并不需要地图，因为我们不会迷路。在自家厨房里，当然不会迷路的。

师：是啊，你从你家厨房的水龙头到燃气灶，需要拿出地图来"上北下南左西右东"地确定方向吗？（生笑。）作者的表达确实非常有意思。同学们，像这样的一本书你们想不想读？你们知道这本书叫什么名字吗？

生：《十万个为什么》。

师：观察一下这个封面，看看你们在封面上获取了哪些重要的信息？（课件出示封面。）

生：我发现封面上有一句话：我们周围息息相关的事物，你了解多少？不朽的名著，和《昆虫记》《森林报》一样精彩，耐读。

师：读了这句话，我们一下就知道了有三本书都特别值得我们读，是哪三本呢？

生：《昆虫记》《森林报》和《十万个为什么》。

师：看来阅读一本书，封面可不能忽视啊！再仔细看看这本书的封面，你们还发现了什么信息？

生1：中国科学院院士叶叔华、郑时龄郑重推荐了这本书，这本书应该很值得读。

生2：这本书是上海科学普及出版社出版的。

生 3：这本书是米·伊林著的。

三、深入阅读，发现表达秘妙

师：米·伊林是苏联作家，他的这本《十万个为什么》非常经典，值得阅读。现在就让我们打开这本书，走进第一章——《水龙头》。水龙头大家都熟悉吧，我们每天都要用。你虽然可能不洗菜，但你必须洗脸。（生笑。）打开水龙头，流出来的水是什么颜色的？

生：透明的。

师：水龙头是什么颜色？

生：水龙头一般是不锈钢的，也有的是铁的。

师：如果有人说铁是透明的，水是不透明的，你们觉得可能吗？

生：这不可能吧。铁，包括不锈钢，怎么可能是透明的呢？

师：想知道答案吗？来，打开这本《十万个为什么》读一读，你们会找到答案的。

（课件展示相关内容，生阅读。）

生：我知道了，用铁制作一片只有十万分之一毫米厚的小薄片，它就会变得像玻璃一样透明了。

生：我明白了，只要足够薄，就可以透明。手机啊，桌子、凳子啊，只要足够薄，应该也可以透明的。

师：同学们的阅读收获还真不小呢！大家很会读书，值得表扬。这本《十万个为什么》不仅能够告诉我们很多知识，而且告知的方式还很幽默。刚刚我们看了水龙头，下面我们去炉子跟前看看，感受感受作者幽默的表达。打开课本，自己读一读吧。

（生阅读课本中《十万个为什么》片段内容。）

课件出示 ⬤

你们家里每天总有人生炉子，煮马铃薯。也许你自己就很会生炉子或者煮马铃薯。可是请你解释一下：为什么炉子里的柴会毕剥作响？为什么烟会走烟筒出去，而不向屋里冒？煤油燃烧的时候，从哪里来的烟？

为什么烘烤的马铃薯有一层硬皮，煮的却没有？恐怕你不能解释明白吧。或者问你：水为什么能灭火？我的一位熟人回答说："水能灭火，因为它又湿又冷。"可是煤油也又湿又冷，你倒是试试用煤油来灭火吧！不，你还是不试为好，一试就得报火警了。你看，问题挺简单，可是要回答它却不那么容易。我再给你猜十二个关于最简单事物的谜，你愿意不愿意？

师：同学们在读的过程中有没有感受到一种思考的力量？这段话不长，但是却提出了不少问题，谁找到了？

生：为什么炉子里的柴会毕剥作响？为什么烟会走烟筒出去，而不向屋里冒？煤油燃烧的时候，从哪里来的烟？为什么烘烤的马铃薯有一层硬皮，煮的却没有？水为什么能灭火？

师：作者在写《十万个为什么》的时候，提了好多好多的问题，带着问题去思考，我们就会有更多的收获。现在，我们也来提提问题，你们家一定有桌子和灶台吧，咱们就桌子和灶台来提提问题。

生1：桌子为什么总是四条腿的？为什么不是两条腿的或者是没有腿？

生2：为什么有的桌子表面很粗糙，而有的桌子却很光滑？

生3：为什么我们小学生用的桌子是长方形的，不是圆形的？

生4：为什么大多数的桌子都是用木头做的？

生5：为什么桌子是平面的，不能凸起来或者凹下去？

师：关于桌子，大家提了好多的问题，现在我们再去看一看厨房里的锅，你们能提出什么样的问题？

生1：为什么要用不锈钢的材质去做锅？

生2：为什么锅是圆形的而不是长方形的？

生3：为什么火烧到锅上，锅不会燃烧呢？

生4：为什么火可以通过锅把食物煮熟呢？

生5：为什么不把东西直接往火上一放去烤熟而要用锅盛着呢？

生6：为什么要用锅做饭，不用别的东西做饭？

师：我也想到一个问题，为什么我们新买的锅干干净净的，用一段时间就变黑了呢？你们看，问题是不是特别多。读《十万个为什么》

不仅要学会提问，还要学会思考。我们再读读这段话，你们会发现其中有一句话写得很有意思，作者的表达实在太幽默了。

（生默读后大笑。）

生：作者说："你倒是试试用煤油来灭火吧！不，你还是不试为好，一试就得报火警了。"太好玩了。

师：现在你们知道大家为什么喜欢这本书了吗？它不仅传递着知识，而且还非常幽默。同学们，让我们也来体验一下幽默的感觉，试着填写这个句子。

课件出示 ●

可是煤油也又湿又冷，你倒是试试用煤油来灭火吧！不，你还是不试为好，一试就_____。

生1：可是煤油也又湿又冷，你倒是试试用煤油来灭火吧！不，你还是不试为好，一试就无家可归了。

生2：可是煤油也又湿又冷，你倒是试试用煤油来灭火吧！不，你还是不试为好，一试就再也没有机会吃到烤红薯了。

生3：可是煤油也又湿又冷，你倒是试试用煤油来灭火吧！不，你还是不试为好，一试你就成了"熟人"了。

师：这么有趣的书，不光我们要读，还应推荐给别人。你准备怎么推荐，让别人去读这本书呢？

生1：我觉得可以把其中某些特别有趣的片段读给他听，然后鼓励他继续读下去。

生2：可以在书中找到他不懂的问题的答案，他看了就想继续读了。

生3：可以设计个宣传语：《十万个为什么》，让一切不可能变成可能。

师：同学们，你们有没有发现《十万个为什么》这本书听上去科技含量非常高，仿佛离我们很远，但实际上它和我们的生活十分贴近。这本书的魅力就在于借助我们身边的现象，揭示了更多的道理，而且语言表达还那么幽默生动。下面我们继续阅读这本书。

（课件出示片段《我们街上的汽车》《莫斯科的地下城市》，生自主阅读。）

师：谁愿意和我们分享这两个片段中有意思的句子？

生1："汽车跑得非常快。但是，只要信号灯在十字路口下令让它们站住，它们就会立刻放慢速度，停下来。"这个句子很有趣，仿佛汽车和人一样能听懂话。

生2："信号灯不会像我们人一样说话，而是用符号来代替说话的。它有三只灯：红灯、黄灯、绿灯，它们并排站在一起。"作者写得真有意思。

四、对比阅读，拓展阅读视野

师：这就是米·伊林的《十万个为什么》，多好玩啊。同学们，你们知道吗？《十万个为什么》这本书还有别的版本呢。

【课件展示18册少年儿童出版社出版的《十万个为什么》（第六版）】

师：米·伊林的《十万个为什么》只有一本，现在我们看到的是18本，这套中国版的《十万个为什么》和米·伊林的《十万个为什么》有哪些不同之处呢？

生1：这套书的总主编是韩启德，植物分册主编是陈晓亚。

生2：刚才那本《十万个为什么》是一个人著的，现在是好几个人编写的。

师：同学们，原来《十万个为什么》有多个版本。我们可以把它们放在一起做比较，对比着阅读。大家先看看陈晓亚主编的这本书的封面，你们能获取哪些信息？

生1：这本书是少年儿童出版社出版的。

生2：这本书是写植物的。

师：你猜测一下，除了植物卷，还会有什么？

生：动物卷。

师：这套书有总主编，还有分册的主编，看来编写这套书的人加起来应该有不少呀，你们猜一下有多少人？

生1：5个。

生2：10个

生3：应该有一个团队，大概50个人。

师：我们来看看吧！（课件出示编写人员名单。）

生：哇！有100多人。

师：而且这100多个人都特别厉害。这套书由21位院士亲自主编，还有115位院士作为强大的后援。再看看资料，提出的问题有多少个？

生：4000多个问题。

师：有多少张图片？

生：8000张图片。

师：写了多少字？

生：600多万字。

师：看到第6版，你们猜测——

生：之前还有第5版、第4版、第3版、第2版、第1版。

师：第1版出版的时间是1961年。1961年的时候，你们多大？

生笑：还没有我呢。

师：不光没有你，你们的爸爸妈妈都没有出生呢！那时候就已经有了《十万个为什么》。到后面1964年的第2版，1970年的第3版，1980年第4版，1999年的第5版，到现在的第6版，这本书历经了多少年了？

生：差不多60年了。

师：看来这套丛书特别受少年儿童的喜欢，所以才能一直修订发行到今天。《十万个为什么》获得过很多很多的奖，比如，它被评为感动共和国的50本书之一，它是中国出版界一面不倒的旗帜，它也是中国科普的经典品牌。让我们打开书看看目录吧。（课件展示这本书的部分目录。）

师：你对哪一个题目最感兴趣？

生1：果实为什么结在大树上？

生2：为什么独木也能成林？

生3：树木能长多高？

生4：藕断为什么会丝连？

生5：热带雨林的四大奇观是什么？

生6：莲藕中为什么有那么多小洞洞？

生7：为什么大多数树干都是圆柱形的？

生8：为什么年轮有深有浅？

生9：形状古怪的茎都有特殊功能吗？

师：同学们，因为《十万个为什么》这本书是一部经典，这样的经典不仅仅有文字版本的，还有很多视频版，都值得我们去看。下面，我们来聚焦其中的一个问题，就是刚才有同学提到的，为什么大多数树干都是圆柱形的？我们来看段视频吧！（师播放视频。）

师：同学们，这个问题在你的材料单上也有解释，回去之后可以再仔细地读一读。同学们，整套《十万个为什么》的内容太多了，希望同学们在读的时候可以做一个这样的规划。

课件出示 ◯

日　期	阅读篇目	阅读时长	阅读方式	阅读收获

师：同学们，做好了这样的规划，你再读这套《十万个为什么》，效率就会更高。课后，请同学们继续阅读这套《十万个为什么》。同时，我向大家推荐李四光的《看看我们的地球》、高士奇的《灰尘的旅行》、贾兰坡的《人类起源的演化过程》。这节课就上到这里，下课。

点 评

教学生看不到的，学平时学不到的

李祖文

科普读物是学生们喜欢的一类儿童阅读作品，但对于教学而言，往往陷入一个困境中：我又不是科学老师，那些东西我又不太懂。这不是语文老师在推脱，这是教学中的一个实实在在的问题。如何解决？王林波老师的《十万个为什么》教学案例就给我们一些启发，也给了我们一些指导方法。

一、教学生看不到的

科普知识类的阅读知识性特别强，甚至有些知识对于一线老师来说，都需要具备一定学科知识并仔细品味才能理解。这可能就是老师们觉得这类书籍难教的原因所在。但我们又可以发现，这类书籍，总是给学生非常明确、严谨的答案，只要阅读，只要稍微用心思考，知识还是比较容易获得的。那这样的课，我们该教什么？王林波老师给了我们一个示范：教学生看不到的。

这类书籍有什么是"学生看不到的"呢？其实就是这类书籍讲述知识的方式。我们可以看到在教学现场，王林波老师是这样引导的。

课程一开始：

（课件出示《十万个为什么》的篇章导语页，生看。）

师：这页纸有点儿特别，一般来说，一页纸上应该多写一点字，这样才不会浪费。大家看这一页，上面部分没有字，底下的文字也不多，谁知道像这样的一页纸是什么？

生：这是这个章节的导语页，告诉了我们这个单元的主题是《房屋漫游记》。

师：导语页虽然文字不多，但特别重要，从中我们可以获取到很多信息。请同学们仔细阅读这段文字，看看你们能够获取哪些信息？

课程的进行过程中：

师：是啊，你从你家厨房的水龙头到燃气灶，需要拿出地图来"上北下南左西右东"地确定方向吗？（生笑。）作者的表达确实非常有意思。同学们，像这样的一本书你们想不想读？你们知道这本书叫什么名字吗？

生：《十万个为什么》。

师：观察一下这个封面，看看你们在封面上获取了哪些重要的信息？

这些看似都是很容易做到的，但在王林波老师的教学现场中，始终将关注点聚焦在这里，让学生清楚地知道作家是如何讲述的。这些知识的获得往往是"看不到的"。

二、学平时学不到的

《十万个为什么》是一本很特别的书。从书名到章节的结构，都是围绕"为什么"这样的问题阐述的。这里所牵引出的"提问"，既是书籍的特色所在，也是统编教材体系中需要学生掌握的阅读策略。教材中的课文往往只能训练单一的关于"提问"的阅读策略，而王林波老师则利用"启发提问"将二者有机结合了起来。我们可以看看教学现场中，他是这样处理的。

师：探索一定要用心思考，要有所发现一定要敢于提出问题，我们现场试一试。（课件出示厨房里水龙头流水的照片。）这张图片熟悉吧？谁来提一个问题？

生1：谁开的水龙头？为什么要开水龙头呢？

生2：为什么要开这么大？

师：你们现在的提问还在妈妈做饭的层面，还没有到科学层面。谁再来试试？

生3：水龙头里的水是怎样流下来的？

生4：池子里的水是怎么积住的？

生5：为什么从水龙头里出来的水是柱状的而不是散状的？

我们仔细看看王林波老师的处理：当第一个、第二个学生提出常态的问题时，他及时引导"提问的方向"——从"科学层面"提问。这一步也看似简单，但却在不经意间让学生提出了更有价值的问题。而这也恰恰是引出书籍中内容的最好机会。一句话，就将学生提问的多个层面连接起来，这可能是平时我们的教材学习所不能达到的。

三、语文的角度审视科学的问题

对于科普知识读物，让语文老师为难的地方还在于我们很担心不能给学生科学的答案或者精准的知识点的讲解，正因为如此，我们往往草草应付了事，或者干脆不去触碰。但可能我们自己都忘记了，读这样的书，我们是在阅读，我们是在语文课上进行整本书的阅读。如果这样定位，科学知识的传授并不是我们进行这样的书籍阅读的重要任务。王林波老师的处理，给我们另一种启示。

师：米·伊林是苏联作家，他的这本《十万个为什么》非常经典，值得阅读。现在就让我们打开这本书，走进第一章——《水龙头》。水龙头大家都熟悉吧，我们每天都要用。你虽然可能不洗菜，但你必须洗脸。（生笑。）打开水龙头，流出来的水是什么颜色的？

生：透明的。

师：水龙头是什么颜色？

生：水龙头一般是不锈钢的，也有的是铁的。

师：如果有人说铁是透明的，水是不透明的，你们觉得可能吗？

生：这不可能吧。铁，包括不锈钢，怎么可能是透明的呢？

师：想知道答案吗？来，打开这本《十万个为什么》读一读，你们会找到答案的。

（课件展示相关内容，生阅读。）

生：我知道了，用铁制作一片只有十万分之一毫米厚的小薄片，它就会变得像玻璃一样透明了。

生：我明白了，只要足够薄，就可以透明。手机啊，桌子、凳子啊，只要足够薄，应该也可以透明的。

从教学现场，我们没有看见王林波老师去给予答案，进行过多知识点的讲解，而是给学生时间与空间，让他们自己去获得，并且将更多的教学时间用来引导学生感受作家的"表达之妙"。

师：同学们的阅读收获还真不小呢！大家很会读书，值得表扬。这本《十万个为什么》不仅能够告诉我们很多知识，而且告知的方式还很幽默。刚刚我们看了水龙头，下面我们去炉子跟前看看，感受感受作者幽默的表达。打开课本，自己读一读吧。

（生阅读课本中《十万个为什么》片段内容。）

这才是语文老师该做的事情，也才是科普类整本书阅读该做的事情。

四、桥接知识与思维的缝隙要给予

正如大多数人所认知的那般，科普读物所给予的知识其实我们已经可以通过网络迅速查询到，但为什么我们又需要去读这些科普知识读物呢？其实就是需要学习这一类书籍所带来的表达思维。换句话来说，就是面对同样的东西，科学的表述是如何进行的。王林波老师在课堂的最后利用"版本的对比"，悄悄地打开了知识与思维之间的桥接缝隙。

师：这就是米·伊林的《十万个为什么》，多好玩啊。同学们，你们知道吗？《十万个为什么》这本书还有别的版本呢。

【课件展示18册少年儿童出版社出版的《十万个为什么》（第六版）】

师：米·伊林的《十万个为什么》只有一本，现在我们看到的是18本，这套中国版的《十万个为什么》和米·伊林的《十万个为什么》有哪些不同之处呢？

看似版本的对比，其实内核是对于同样事物的不同表达方式的对比。当然，因为一节课的时间，王林波老师并没有完全展开。我们期望一节40分钟的课做完所有的事情也是不太现实的。如果我们能够给他更充分的时间，或许给我们的启示会更大。

感佩王林波老师的勇气，也更佩服他的这些尝试。一节好的科普知识读物的课，我想，大概也就是这个样子吧。

运用阅读策略　助力课外阅读

——《民间故事》整本书阅读教学实录及点评

（统编版小学语文教材五年级上册第三单元）

点评：吕俐敏（博士）

单位：北京教育学院

板块一：创设问题情境，激发阅读兴趣

师：听说咱们班的同学不仅聪明，还很热心，今天遇到大家，我有一个请求，想请大家帮助我解决最近我在读书过程中遇到的一些难题，怎么样？

生：没问题。

师：最近我在读一本《民间故事》，遇到了这样的一个难题：有一座又窄又软的浮桥，一个孩子从上面过是没有问题的，拿上三五斤的东西也没有问题，但是拎重的东西过，浮桥就会下陷，脚就会踩到水，鞋子就会湿。可是现在要拎上两桶水过桥，鞋子还不能湿，这好像不太可能啊！你们有办法吗？

生：可以拎着两桶水，很快地跑过去。

师：这得学会草上飞的轻功吧，可一般人都不会啊。还有其他办法没有？

生：可以利用水的浮力，把桶放在水里，然后给它绑上绳子，用手牵着绳子，从桥上过去后再把桶拿上来。

师：太厉害了，你是怎么想出来这么好的办法的？

生：我之前读过这个故事。

师：原来如此啊，看来多读书的好处很多啊！我还有一个难题要请教大家呢！图中的这个孩子跟这位同学想的一样，他成功地把两桶水拎过了河，伯父要奖励他一个礼物。不过礼物在竹竿顶上，跳是够不到的，还不能借助凳子、梯子之类的东西，也不能把竹竿放在地上，怎样才能拿到礼物呢？谁有好的办法？

生：可以爬到树上，然后去拿。

师：祝贺你拿到礼物，不过可惜的是违规了，刚刚说了不能用凳子、梯子之类的东西。

生：我觉得可以用石头把它砸下来。

师：我担心的是礼物没有砸到，伯父的头被砸破了，这样不但礼物没了，还有可能被揍一顿。

生：能不能给地下挖个洞，把竹竿插下去，这样就能拿到礼物了。

师：这个思路挺好的，不过挖洞估计需要很长时间。顺着他的思路去想，怎样更省时省力？

生：可以把竹竿插到井里。

师：你的方法真不错。同学们，刚刚我们看到的这两幅图，讲述的是一个人，一个中国民间故事中很聪明的人，知道这个人叫什么吗？

生：叫徐文长。

板块二：运用预测策略，阅读民间笑话

师：今天我们就来一起读一读有趣的民间故事。请大家拿出老师为大家打印的学习资料，快速地读一读第一则故事，拿出笔，把故事中关键的词语画下来。有了关键词，一会儿讲起这个故事就轻松多了。我们开始读吧。

课件出示 ◯

徐文长智胜打赌（一）

少年时，徐文长有一位很喜爱他的伯父，伯父时常想办法逗他玩，考考他的本领。有一次，伯父领着他来到一座贴着水面、桥身既软又窄的竹桥边，把两只水桶都装满了水，跟他说："文长啊，我来考考你，如果你能提着这两桶水过竹桥，我就送你一件礼物。"

小文长想了一下，用两根绳子把装满水的木桶拴住，然后再把桶放进水中，脱下鞋子，就这样他提着两根绳子走过了竹桥。

（生读故事，勾画关键词。）

师：画出了关键的词语的同学请举手，我们交流一下。

生1：我画的是"既软又窄"。

生2：我画的是"提着两根绳子"。

生3：我画的是"拴住、走过了竹桥"。

生4：我画的是"放进水中、脱下鞋子"。

师：非常好，有了这些关键词，讲这个故事就简单了。谁来试着讲一讲第一则故事？给大家一点时间，自己先练习练习。

（生练习后，师请生上台试着讲故事。）

师：我们有请第一位同学上台，给他点儿掌声。

生：大家好，我给大家讲一讲徐文长智胜打赌的第一则故事。徐文长的伯父想要考考他，于是给他出了一个难题：说有一座桥，又软又窄，一个人过去还可以，如果提了重的东西，桥面就会贴近水面，鞋就会湿，可现在却需要提着两桶水过这座桥。这可没能难住徐文长，他想了一个办法：用两根绳子把桶拴住，再把桶放进水中，借助水的浮力，他过了桥，过桥后再把桶提上来。他成功了。

师：这位同学讲得很不错，让我们把掌声送给他。大家看，讲故事时抓住关键词，是不是容易多了。接下来我们讲第二个故事。大家先读一读这个故事，记住要勾画——

生：关键词。

师：我们开始读吧。

课件出示 ⬤

徐文长智胜打赌（二）

伯父想，也许这个题出得太容易了，要想一个更妙的法子把徐文长难倒。他说："既然你提水桶过了桥，礼物我当然要给你，但必须按照我的要求做才能拿到礼物。"说完，他把那件礼物吊到一根长竿子顶上，对徐文长说："你既不能借助凳子之类的工具上高处去取，也不能把竹竿横下来。"他心中暗想，这下徐文长准是没有办法了。

小文长摸了摸脑袋，马上就想出了取礼物的办法。只见他不慌不忙地拿起竹竿，径直走到一口井边上，慢慢把竿子沿着井口顺下去，当竿子顶快到井口时，他就顺利地拿到了那件礼物。伯父被机智的徐文长惊呆了，不禁拍手叫绝："哎呀，真是聪明的文长啊！"

（生读故事，勾画关键词。）

师：我们交流交流，你画到了哪些词语？

生1：我画的是"拿起竹竿"。

生2：我画的是"走到一口井边、顺下去"。

生3：我画的是"拿到了那件礼物"。

师：非常好，谁来讲讲这个故事？希望这次讲故事的同学不仅能讲清楚，还能自信大方，声音响亮。

生：大家好，我叫马依天，我给大家讲徐文长智胜打赌第二则故事。徐文长顺利地把两桶水提到了对岸，解决了第一个难题，伯父想再考考他，于是提出了新的要求：他把礼物放在竹竿顶上，但是不允许徐文长用凳子之类的工具去取，不可以把竹竿横着放下来去取。徐文长拿起那根竹竿径直走到井边，把竹竿一点一点地顺下去，一直到井口处，轻松地将竹竿上的礼物取了下来。伯父非常高兴，拍手叫绝，夸赞徐文长聪明。

师：掌声也送给她。这位同学讲得非常生动，值得表扬！同学们，你们觉得徐文长是个怎样的孩子？

生：他很聪明。

师：你们瞧，聪明的徐文长又遇到新的挑战了：有一天，两个朋友来了，一个叫张三，一个叫李四。张三说："徐文长，你如果可以让李四呱呱呱地叫上三声，今天吃饭由我来请客。"你说李四好好的怎么可能呱呱呱地叫啊？如果你是徐文长，想让李四呱呱呱地叫三声，你能想到什么办法？

生：我觉得呱呱呱应该是青蛙发出的声音，可以让李四背个筐子，里面放一只青蛙。

师：但是这不是李四在叫，是青蛙在叫。

生1：徐文长可以对李四说："如果你可以呱呱呱地叫三声，今天吃饭，我来请客。"

生2：徐文长可以问李四，青蛙怎么叫，李四就呱呱呱地叫了。

生3：徐文长可以说："我们来玩青蛙抓苍蝇的游戏吧，我和张三来当苍蝇，你当青蛙，但是每捉到我们一次，你就要呱呱呱地叫三声。"

师：你看这位同学，为了让李四学青蛙叫，自己宁愿当苍蝇。徐文长到底是怎么做的呢？来，我们快速读一读资料中的内容。

课件出示 ⬤

还有一次，张三和李四来找徐文长玩，张三悄悄把徐文长拉到一边说："文长兄，你若能让李四'呱呱呱'地叫上三声，今天吃饭都由我来请客。"

徐文长笑道："这有何难？"

徐文长带着张三和李四来到一片西瓜地，手指着田里的西瓜对李四说："李兄啊，你看这片葫芦长得多好啊！"

李四心中纳闷，说道："文长兄啊，这明明是瓜呀，你怎么说是葫芦呢?"

徐文长说:"是葫芦。"

李四道:"是瓜。"

徐文长坚持说:"葫芦!"

李四道:"瓜!"

徐文长又说:"葫芦,葫芦,葫芦!"

李四紧接着说:"瓜,瓜,瓜!"

徐文长看向张三,微微一笑。张三佩服地点点头。

(生自己阅读。)

师:很多同学看着看着就笑出来了,看来这个故事很有意思。这次我们就不讲了,我们试着演一演,我请两位同学,一位扮演徐文长,一位扮演李四。

(二生进行表演。)

师:徐文长真是太聪明了。你们知道吗,民间故事中还有一个特别聪明的角色,与徐文长不同,他不是汉族。我们来听听,看看你们能不能猜出来他是谁?这又是哪个民族的故事?(师播放音乐。)

生:我觉得是阿凡提。

师:谁知道阿凡提是哪个民族的?

生:是新疆维吾尔族的。

师:阿凡提给你留下了什么样的印象?

生1:机智。

生2:他喜欢帮助穷苦人。

师:有一天,还真发生了一件特别有趣的事儿,阿凡提要种金子了。读这个故事,你们一定会觉得别好玩,赶快开始读吧。

课件出示 ⬤

阿凡提的故事

阿凡提想整治一下贪婪而愚蠢的国王,于是向村民借了几两金子,骑着毛驴来到了皇宫门口的黄沙滩上。他坐在黄沙滩上细细地筛起金子来。不一会儿，正准备回宫的国王从他身边经过，看着他的举动很好奇，便问道："阿凡提，你在干什么呢？"

"咦，陛下，我忙得很，我正在种金子呢！"

国王听后很惊讶，问道："种金子？聪明的阿凡提，快说说，种了之后会怎样呢？"

阿凡提说："这还不简单？种了金子过段日子再来收割，不就能收获更多的金子吗？"

国王一听，心想：这是好事啊！这么大的便宜我能不占吗？

他连忙赔笑着讨好阿凡提："亲爱的阿凡提！你这才区区几两金子，发不了多大的财！要种就多种点，金子不够来我这里拿！我这里多得是，你来种，我提供种子，咱俩分工合作！若长出金子来，你分我八成就行！"

阿凡提一听，大笑着同意了。

阿凡提就到宫里拿了两斤金子。又过了一个星期，他给国王送去了十几斤金子。国王打开一看，金光闪闪，收获颇丰，简直乐得合不拢嘴！他立刻吩咐手下，把库房里存着的几袋金子都交给阿凡提去种。

师：故事中的阿凡提在干什么呢？故事中那个贪婪的人是谁啊？

生：阿凡提在种金子。那个人是国王。

师：贪婪的国王会得到更多的金子吗？我们继续来读这个故事。

课件出示 ◯

阿凡提把金子提回家，都分给了村里的穷苦人。

过了一阵子，阿凡提两手空空，没精打采地去见国王。国王热情迎接，问道："我的好阿凡提，你来啦！驮金子的牲口、拉金子的大车也都来了吧？"

生：阿凡提把金子提回家，都分给了村里的穷苦人。

师：国王听说阿凡提来了，瞧他多么热情，他想要的是——

生：金子，很多金子。

师：可他却听到了阿凡提这样的回答。

课件出示 ➊

阿凡提突然哭了起来："唉，别提了，真倒霉啊！您没看这几天——滴雨也没下吗？金子全部干死了，别说收成，就连种子也一粒没剩！"

国王听后勃然大怒，高声吼道："你骗谁呢？我才不信呢！金子哪里有干死的道理？"

师：国王勃然大怒，他很生气，这下子你们一定开始为阿凡提的性命担忧了。预测一下，你们觉得阿凡提会有性命之忧吗？或者会不会受到酷刑折磨？

生1：不会的，阿凡提很聪明的，一定能够化险为夷。

生2：不会的，阿凡提就是来惩罚贪婪的国王的，肯定没事儿。

生3：肯定不会的，如果阿凡提现在就丢了性命，就没有更多的阿凡提的故事了。

师：确实如大家所说的，阿凡提没事，而且他的回答让国王哑口无言。大家来预测一下，阿凡提是怎么说的？

生1：我觉得阿凡提会说，金子都可以种，那它的种子为什么不会干死呢？

生2：我觉得阿凡提会说："我种金子的方法跟种水稻一样，水稻有干死的，金子为啥就没干死的呢？"

师：你们说得都挺有道理，来，咱们看看阿凡提是怎么说的。

课件出示 ➋

"嘿！这就奇怪了，您不相信金子会干死，那为什么又会相信金子能长出来呢？"

师：说说你们阅读后的感受。

生1：阿凡提真是太聪明了，国王听了确实不知道说什么好了。

生2：我觉得这个故事非常幽默，太好玩了。

师：阿凡提的故事太经典了，呈现的方式很多，刚刚我们听到了一首歌曲是关于谁的?

生:阿凡提。

师:看了故事是关于谁的?

生:阿凡提。

师:我们再来看一个动画片段,还是关于阿凡提的。(当播放到阿凡提被强盗抓住时,师按下暂停键。)

师:此刻阿凡提好像有点危险啊,他被抓住了,这时他拿出了两枚金币,预测一下,他是怎么让自己顺利地逃出去的呢?

生:我想他会说:"你们两个打一架,谁赢了,我就把金币给谁。"

师:让两个强盗自相残杀,这个主意不错。

生:他把两枚金币随便往一个地方一扔,那两个强盗就会去找,阿凡提趁机就逃出去了。

师:让我们看一看阿凡提是怎么做的吧。(师继续播放动画片。)

师:如果给这个故事起个名字,你们觉得应该叫什么?

生1:阿凡提智骗强盗。

生2:阿凡提智斗强盗。

板块三:进行对比阅读,感受表达特点

师:真不错,阿凡提特别聪明,不仅可以保护自己,还可以惩治那些坏人。这个故事跟徐文长的故事一样,都非常有趣,特别幽默,这是民间故事其中的一个类型,叫作民间笑话。除了民间笑话,还有很多民间故事和我们的生活密切相关,读起来很亲切,我们的课本上就有一篇,叫作《田螺姑娘》,打开课本,我们快速地读一读这个故事。

(生自读课本中的《田螺姑娘》。)

师:读完的同学可以坐端正了。生活类的民间故事往往会有很多神奇的地方,请同学们再读课本中的《田螺姑娘》,你们读到哪儿觉得很神奇?一会儿可以跟大家进行交流。

(生再读故事,找出神奇的地方,进行交流。)

生1:谢端去田里工作了,等他回来却发现屋里干干净净、整整齐齐，饭也做好了，真是太神奇了。

生2：第二自然段比较神奇。谢端把一个大田螺养在水缸里，缸里的水怎么就自然变清了呢？

师：民间故事就是这么神奇。同学们，刚刚我们读了课本中的《田螺姑娘》，王老师还读过另外一个版本的《田螺姑娘》，跟这个故事不太一样。我们对比着读一读，看看有哪些地方不一样。

课件出示 ⬤

田螺姑娘

晋朝的时候，有一个年轻的小伙子，名叫谢端。谢端小的时候父母就去世了，也没有其他的亲人，好心的邻居见他无依无靠，就收养了他。他知恩图报，在家时帮助养父养母干农活，邻居们有需要帮忙的，他也乐于助人，因此人们都很喜欢他。

一转眼，谢端已经十七八岁了，长成了一个德才兼备的翩翩少年。不久，养父母去世了，只剩下谢端孤苦伶仃一个人。邻居们看他可怜，就想给他说一门亲事，也好有人能够照顾他。可是姑娘们都嫌弃他家境贫寒，没有人愿意嫁给他。他并不气馁，每日早出晚归，辛勤劳作，盼望着能够生活得富足一些。

一天，谢端到田间去耕作，在水塘边发现了一个巨大的田螺。谢端从来没见过这么大的田螺，觉得十分稀奇，就将它捡了回去。谢端把田螺放在一口瓮里畜养，无聊的时候，他就对着田螺说说心里话。

不久，稀奇的事情发生了。

一天，谢端从田间干活回来，忽然发现家中收拾得干干净净，桌上还摆着热腾腾的饭菜，不知道是谁做的。谢端觉得一定是好心的邻居可怜自己，谁知一连几天都是如此。谢端觉得总麻烦邻居实在不好意思，于是就拎着两条鱼向邻居道谢，不料邻居却对此事毫不知情。谢端这下如同丈二的和尚摸不着头脑了，一心想查明事情的真相。

师：说说看，你们发现哪里不一样？

生：课本里说谢端发现家里都打扫了，饭菜也做好了，他去问一个老奶奶，老奶奶直接就告诉他是田螺姑娘干的。但是这个故事里他去问邻居，邻居也不知道是谁干的。

师：除了结果不同，还有什么不同？

生1：这里还写到了谢端的身世，课本中没有写。

生2：课本中说他捡回来一个像宝玉一样的田螺，但是资料上写的是他在水塘里发现了一个巨大的田螺，谢端从来没有见过这么大的田螺，觉得十分稀奇就将它捡了回去，放在一口瓮里畜养。

师：明明是同一个故事，两个版本内容还不太一样，是不是书，或者资料哪个有误？

生：我觉得民间故事本来就是人们口头说出来的，一代传一代，肯定是有一代人觉得这个故事不够精彩，就加一些内容。有些人给别人讲的时候，还可能减了一些内容。

师：是啊，民间故事就是这样，口耳相传，你传给我，我传给他，于是就出现了不同的版本。古代的劳动人民劳作累了，休息时就开始讲故事了，可能会在哪儿讲？

生1：可能在田埂上，也可能在大树旁。

生2：可能在村头，也可能在路边上讲。

生3：还可能在晚上睡觉的时候讲，讲给自己的孩子。

师：对，这就是民间故事，讲着讲着，故事就有了增加或者删减的部分了。我们也试着来讲讲民间故事。刚刚我们读的《田螺姑娘》中，谢端回到家时，看见屋子收拾得干干净净、整整齐齐的，饭菜也做好了。如果让你来讲这个故事，谢端回到家，看到的情景会是怎样的呢？

生1：一天，谢端回来了，看到床上的被子都叠好了。

生2：谢端从田里干活回来，发现衣服洗了，地扫得干干净净的，桌上还摆着热腾腾的饭菜。

生3：一天，谢端回来了，看到他的被褥被洗得干干净净的，正晾晒在院子的一根绳子上，都快晒干了。

师：同学们说得真好，值得表扬。这就是民间故事，口耳相传，让故事有了更多的可能性。这个故事最后说，谢端一心想查明事情的真相，你来预测一下，谢端能不能查明事情的真相？

生：能。

板块四：有意留下悬念，适度拓展阅读

师：想知道结果吗？王老师介绍这本书给大家——《中国民间故事》。这本书的内容特别丰富，在读的时候，我建议你们可以预测着读、比较着读，这样你们的收获会更大。同学们，这本书上的故事非常多，我们来看一下目录，有没有哪个是你们读过的，或者哪个故事是你们特别想读的？

生：《哪吒闹海》。

师：哪吒用来降妖除魔的宝贝是什么？

生：乾坤圈、混天绫、风火轮、火尖枪。

师：再看看这本书的目录，还有一个故事里面有着一群法力高强的人，是哪一个故事？

生：《八仙过海》。

师：知道八仙都有谁吗？

生：蓝采荷、吕洞宾，没了。

师：你这叫两仙过海。

生：还有何仙姑、汉钟离、韩湘子、铁拐李。

师：八仙还没有说全。我估计他们的法器大家也说不全，要想了解得更全面，怎么办？

生：读这本《中国民间故事》。

师：是啊，读这本书，我们就会了解更多的中国民间故事。民间故事的内容很丰富，今天我们读了民间笑话、生活故事，还有像《八仙过海》这样非常奇幻的幻想故事。我相信大家一定会对阅读民间故事充满了兴趣。阅读民间故事的时候，我们可以分类来读，今天读的是幻想故事，下一次就可以读民间笑话，再下次就读生活故事。分类读，我们的收获会更大。同学们，刚刚推荐给大家的书是《中国民间故事》，你们猜测一下，还可能有一本书叫作——

生1：《外国民间故事》。

生2：《欧洲民间故事》。

师：有可能。

生1：《非洲民间故事》。

生2：《亚洲民间故事》。

师：都有可能。我读过的是这样一本，叫作《非洲民间故事》，很有意思，希望你们有时间也去读一读。为了提高阅读质量，我希望你们有计划地进行阅读。（出示月度计划表，师简单介绍。）

师：同学们，做好计划，按计划去读，效率会更高。希望从今天开始，大家都能够腾出更多的时间进行阅读。今天这节课就上到这里，下课。

点 评

在阅读中丰富，在拓展中开阔

吕俐敏

民间故事是一座丰富的宝藏，蕴含了历代劳动人民的美好理想、丰富想象、现实需求等，展现了中华民族大家庭中各民族人民的观察与思考、快乐与痛苦、审美与呼吁、愿望与企盼，是反映普通民众积极乐观、幽默机智、勤奋质朴、反抗压迫、追求自由等精神的重要文学形式。这种文学形式通过口耳相传的方式，一代代传承、加工、累积，具有鲜明的层累性、口语化、通俗化等特点。因为民间故事本身的这些特点，也保证了民间故事的教学价值和意义。

统编版小学语文教材五年级上册第三单元是个民间故事的文体单元。单元所选篇目为《猎人海力布》《牛郎织女》两篇幻想故事，在本单元选文之外的其他内容中，还编写了《伊索寓言》《田螺姑娘》，欧洲、非洲等国家或地区的民间故事的介绍或者片段，希望通过这样的拓展，引导学生阅读民间故事，引领学生到达民间故事这个更加广阔的天地中，进而领略民间故事这座宝藏丰富的文化性和思想性。王林波老师的课，正是在落实教材这个意图的努力中延展开来的。

一、用巧妙的方法激发阅读动机并引导学生深入理解文本

王林波老师的这节课，无论是教学方法还是学习方法，整节课都能看到化匠心于无痕的方法指导与渗透。开课伊始，王林波老师用谈话法结合所读内容，创设了一个解决问题的情境，并将学生带入其中，一起解决如何在一座窄小的软桥上运送两桶水过桥，如何在诸多限定条件下取到高挂在竹竿上的礼物两个难题。通过这个过程，了解学情，把握究竟有多少学生读过这个故事，同时，将学生带入到解决问题的情境中，诱发阅读期待。

在第二阶段的学习中，重点学习了徐文长的故事。以徐文长为主角的民间故事主要凸显主角解决问题时的"智慧"。王林波老师引导学生完成一个"画关键词，利用关键词讲故事"的学习任务。学生在画关键词的时候，他又重点引导学生关注在徐文长的故事中什么样的词语才是关键词，对这个问题的认识，其实是对故事主角的认识，是对故事核心——智慧的认识，那么也必然是对能否讲好这个故事的一个重要评价标准。

比如，在徐文长的第一个故事中，"贴着水面、桥身既软又窄的竹桥边"这句话非常关键。桥必须贴着水面，才能为下一步的拖着水桶在水上行走提供可能，桥要是不软不窄，是宽阔的桥面，那么就可以挑水过去了。正是这些限定条件的提出，既为难了故事的主人公，也凸显故事主人公充满智慧的形象。同时，在这样的地方进行拓展，也保证了学生能把故事讲生动。因此，王林波老师引导学生两次勾画关键词，便于他们把握这种类型故事讲述的要点和关键。学法的指导，从引导到放手，经历了一个教和练的过程，保证学生把握这类文本的关键词选择。

总之，在各个教学环节中，王林波老师都善于利用各种方法激励和引导学生走向文本的更深处，理解文本并通过言语阐释文本，让每个环节上设定的教学内容能够落到实处，体现教——学——评的一致性。

二、用丰富的作品引领阅读方向

如上文所言，教材的选文侧重于民间故事中的幻想类文本的编选。民间故事的分类方式比较丰富，大体可分为生活类和幻想类两种类型。幻想类的故事如《猎人海力布》《牛郎织女》《八仙过海》《田螺姑娘》等，具有魔法性质；还有一类是动物人格化的文本，比如《列那狐的故事》《狼和小羊》等；生活类的故事如《九斤姑娘》《巧姑妙答》《其满汗智答大汗》《孟姜女哭长城》《梁祝》等，以普通人为故事主人公，进行叙事。这些故事的题材很丰富，有智慧人物智斗压迫者的故事，也有记录情感生活的故事等。这些丰富的课程资源，在编写本次统编版小学语文教材时，作为整本书阅读的资源引入了语文课程，丰富了语文课程资源，利于扩大学生的阅读视野。

王林波老师在课堂上很好地把握了这些资源的特点，将徐文长、阿凡提的故事放在一起，引导学生欣赏和理解不同民族的民间故事的幽默情趣。徐文长的故事，更多倾向于凸显故事主人公个人解决问题时的聪明才智；跟阿凡提有关的两个故事则是智斗故事，是在与权势阶层的周旋中获得胜利的故事。

课堂上，王林波老师引入来自汉族和维吾尔族的机智人物故事，再与教材中的猎人海力布的故事结合，丰富和拓展了学生对中华民族中不同民族的民间故事的认知，在增进文化理解、促进文化交流等学科育人方面也起到了非常好的示范作用。

三、用对比的方法领会文体特点

民间故事是历代口耳相传，经历了文人整理和加工后，流传下来的文学作品。如段宝林先生所言："是在民间流传的活的立体艺术、实用艺术，具有口头性、流传变异性、传统性和集体性。"因为这种口头性和流传变异性，民间故事的版本并不相同。不同的时代对民间故事都会有所加工。

最典型的徐文长的故事，民国时代的版本跟中华人民共和国成立之后的版本就有很大差异。为了因应时代的需要，人们对徐文长的故事进行了大幅度的加工处理，做了"纯洁化"，之前的被认为有"毒素"的内容都被删除，增加了很多智斗统治阶级的故事。在新的版本中，徐文长始终与被压迫者在一起，扶危济贫，利用自己的智慧帮助贫苦人民脱离困境，语言诙谐幽默。德国学者艾伯华在《中国民间故事类型》中提到，区别民间流传的故事和文学家加工过的故事一个重要的依据是，后者通常要加上一个道德训诫的高潮或结尾，而这种处理在民间故事中是找不到的。

王林波老师注意到了民间文学的这种典型特点，在教学中，希望学生能够体会到其"口耳相传"，得出民间文学有不同版本的结论。王林波老师选择《田螺姑娘》作为例子，引导学生对比阅读两个不同的版本，在对比中找到不同版本对细节处理的殊微之处，进而引导学生说出"口耳相传"的特点："可能在田埂上，也可能在大树旁。""可能在村头，也可能在路边上讲。""还可能在晚上睡觉的时候讲，讲给自己的孩子。"即可以在不同的地方、不同的时间，讲给不同的人。因为环境、情境的不同，对象的不同，讲的内容自然会有所改变，可能增删也可能修改，全在于讲述的目的。其实这也启发学生，在讲述故事的时候，可以根据不同情境和不同对象，为了不同的目的，对所讲的故事做适度的删改。

余论：单篇故事汇集而成的整本书教学的思考

王林波老师这节课是一节整本书阅读的导读课，因为在最后的环节中，还有一个拓展阅读的部分，引导学生阅读《中国民间故事》《欧洲民间故事》和《非洲民间故事》等。这些故事都是由单篇的故事按照一定的逻辑汇编而成的文集，因此，这种"整本书"不同于《西游记》《鲁滨逊漂流记》那样的整本书，这种是可以打散，为了一定的课程目标和教学目标进行重新组合的。

民间故事作为世界民间文学中的重要题材之一，各个民族都有流传已久的、对本民族文化认知影响深远的故事。各民族的民间故事有很多共通之处，不论是我国境内各个民族的民间故事，还是不同国家的民间故事，其叙事方式、叙述主题、讲述方式等都有相通之处。在进行单元整体授课时，教师要有课程意识，首先考虑整本书中的故事哪些跟教材中的选文具有共通之处。这些共通有主题的共通、结构的共通、内容的共通等，以教材中的文本作为固着点，引导学生拓展到整本书的单篇中。其次，就是考虑整本书之内的各个故事之间是否可以按照不同的逻辑进行重新归类，归类的目的是引导学生进行研究性阅读，比如，针对所有徐文长的故事进行分类阅读，发现故事的规律。最后，进行整本书之间的故事整合，在不同国家或地区的民间故事中寻找共通的主题和故事，做比较研究，进而发现即便是不同种族、不同肤色的人们，在文化的底色上也有很多共通之处，从而促进文化理解和文化交流。

总之，在整本书阅读的设计中，要有课程意识和研究意识，要对整本书的阅读进行整体设计和规划，将整本书阅读带给学生的益处最大化。

第七辑
统编课例评析

教师有童心　习作才有童趣

——特级教师汤瑾《这样想象真有趣》教学评析

在成都，现场聆听了汤瑾老师执教的《这样想象真有趣》一课，那一刻最真实的感受就是：这样的课堂真有趣！课堂上学生们极为兴奋，积极性高涨，思维十分活跃，听课老师也被深深地吸引了，掌声笑声不断。很多老师都深感头疼的习作课，怎么汤老师上起来就如此有趣呢？我想，这与汤老师的儿童立场和儿童视角是分不开的，与她巧妙的资源运用与精妙的教学设计是密不可分的。

一、从儿童的立场出发，设计有趣的教学活动

我们常说，心中要装着儿童，要让儿童站在课堂的中央，课堂教学的主体是儿童，但这些往往只停留在表面，并没能深入内心。一个真正关注儿童的教师是能够从儿童的立场出发来审视课堂，设计教学活动的，汤老师就是如此。《颠倒歌》多么有意思啊，于是，她从《颠倒歌》切入，她清楚，相较于文字来说，儿童更喜欢直观的视频，于是她播放《颠倒歌》的视频让学生欣赏，这样一下子就抓住了学生的心。

由此拓开去，汤老师请学生说说还会想象到自己喜欢的哪些小动物，它们具有怎样相反的特点。就这样，在欢愉的氛围中，学生的思路得到了拓展。

故事需要围绕一定的话题展开，需要有主角，有情节，怎样的搭配才更有意思呢？汤老师没有生硬地指定，也没有让学生直接选择，而是通过游戏的方式来确定。"点击按钮，喊停决定"这样的游戏方式不仅很好玩，而且很刺激。会出现怎样的组合，事先没有人知道，课堂就是因为有这样的不可预知性而精彩，写作就是因为有这样的不确定性而充满新鲜感。

二、从儿童的视角思考，选用有效的指导方法

学生的学习是一个不断建构的过程，是建立在已有认知的基础上的，这节习作指导课上，汤老师请学生回顾三年级上册写过的习作《我来编童话》，温习写童话的要点：时间、人物、地点、事情。这样就让新知的学习建立在了已知的基础之上。符合学生的认知规律，自然教学就会更有效。

对于儿童来说，认知新的事物，掌握新的知识，形成新的能力都需要化难为易，循序渐进。汤老师心中装着儿童，从儿童的视角观察，她看到了儿童的需求，于是在讲故事的环节，她请学生通过故事接龙的方式来讲，几个人进行合作，有效减低了难度。当学生能够通过合作来讲一个完整的故事后，汤老师再请一位学生完整地讲故事，自然就能讲得流畅、完整了。

课堂上，怎样才能指导学生写出满意的习作？这不仅需要打开学生的思路，也需要教师有针对性的方法指导。说到方法指导，很多教师想到的很可能是逐条展示的写法要领，预设到的是刻板、生硬。汤老师的课堂上也有方法指导，而且指导得十分有效，更为可贵的是，她的指导几近无痕。汤老师带着学生们阅读绘本，在学生们饶有兴致地阅读绘本的过程中，"角色加一加""巧合用一用"等方法已深入学生们的内心。

从儿童的视角看问题，自然能够看到儿童真正的需求，从需求出

发，设计层层推进的教学环节，自然就能取得水到渠成的效果。

附教学实录

换个角度看世界，会不会更有趣?
——习作《这样想象真有趣》教学实录
（统编版小学语文教材三年级下册第八单元）

执教：汤瑾（特级教师）
单位：杭州钱塘新区教师教育学院

板块一：欣赏儿童，点燃逆向思维

师：来，我们欣赏一首有趣的儿歌。（师播放视频。）

师：这首儿歌的题目就是——

生：《颠倒歌》。

师：在这首儿歌里，你们发现了哪些有趣的颠倒现象?

生1：老鼠成了森林之王。

生2：我发现公鸡会下蛋了，母鸡会打鸣。

生3：蚂蚁变成了大力士，居然能扛大树。

生4：老鼠竟然当了大王，狮子、老虎都给它下跪。

师：我们发现了这些动物啊，具有了跟它们以前相反的特点啊。看来，动物的特点可以反着说，我们是不是可以这样去想象呢?（师出示文中的四张图片。）

师：这是什么呀?

生：母鸡会飞了。

师：这是——

生：蚂蚁比树还大，身强力壮。

师：嗯，身强力壮，这个词用得很好。再来看，这是谁呀?

生：胆小如鼠的老鹰。

师：再来一个，这个是谁啊？

生：蜗牛健步如飞。

师：颠倒、颠倒，颠来倒去真是有趣。母鸡能在天空飞翔，蚂蚁的个头比树还大，老鹰变得胆小如鼠……咦，除了这些，你们会想象喜欢的小动物具有怎样的相反的特点呢？

生1：我想到小鸟能在水里游。

生2：我想到乌龟跑得比兔子还快。

生3：我想到小鱼会在天空中飞翔。

生4：兔子吃肉，老虎吃蔬菜。

师：不仅仅是外形的变化，连性格都变了。

生：蛇长脚了。

师：哦，你一定联想到了画蛇添足这个成语。

生：猫会汪汪叫，狗会喵喵叫。

师：哇，你们的想象真有趣。（师出示词云，引导学生进一步发散思维。）

【评析：一开课，汤老师就用有趣的《颠倒歌》吸引住了学生。其实，这段视频不仅仅是为了激发学生的兴趣，也是在示范方法，启动思维，让学生明白：原来换一个视角看世界是如此有趣。从观看《颠倒歌》视频，到自己发散思维开启想象，这样层层推进，让学生的学习变

得更轻松，更无痕了。】

板块二：选择主角，故事创编初体验

师：是的，我们可以这样去想象，是不是很好玩啊。想不想挑战一下，我们这样去想象，能不能编一个有趣的故事呢？还记得三年级上册，有一篇习作《我来编童话》吗？

生：记得。

师：还记得童话故事要有什么吗？

生：时间、人物、地点、事情。

师：掌声送给他。今天，我们童话故事的主角不一样了。这次我们的主角变成什么样了？

生：变成具有相反特征的小动物。

师：好的故事呀，不仅要有角色，还要能围绕一个话题展开，比如：友爱、团结。你们会想到什么话题？

生1：自由。

生2：助人为乐。

师：真好。这样，我们就能围绕一个话题想象情节了。现在，我们来玩个游戏，好吗？我们让这个故事的主角随机地转动起来，停到谁，我们就选谁，好不好？

（大屏幕随机滚动，师生合作。）

师：开始！

生：停！

师：主角是——

生：飞天小鱼。

师：我们再看话题。

师：开始！

生：停！

师：话题是什么呀？

生：助人。

师：谁能根据这两个提示编一个故事呢？别紧张，我们来故事接龙。谁来说故事的开始？

生：有一只小鱼，他会在天上飞。

师：故事开始了，主角出场了，接下来会发生什么事呢？

生：他是一条漂亮的小鱼，特别喜欢帮助别人。

师：哦，介绍了主角的特点。他会遇到什么呢？

生：有一天，他遇到了一只小老鼠，小老鼠想把奶酪放回家，但是中间有一条河……

师：看，他加了一个角色，谁呀？

生：小老鼠。

师：加得妙不妙？

生：妙。

师：对，独角戏不好玩，角色加一加，故事更精彩。小老鼠出场了，他在搬奶酪，可是他搬不回家，怎么办呢？谁来继续编？

生：小鱼看到了这只小老鼠，对他说："没关系，我帮你送回家。"

师：我们的小鱼会说话了，他加上了对话，故事就更精彩了。这时候小老鼠怎么说？

生：谢谢你，小鱼。

师：对话很精彩。谁来用一句话给这个故事画上完美的句号？

生：小鱼就用嘴叼着奶酪，把小老鼠驼在背上，不一会儿，就把小老鼠和奶酪送回了家。

师：怎么样？掌声送给他。看，同学们合作完成了一个故事。故事的主角是谁？

生：会飞天的小鱼。

师：这个故事的话题是什么？

生：助人。

师：圆满完成任务。还想挑战吗？

生：想！

师：那我们再玩一次，这次让主角和话题同时出现，我说开始，你说停。

师：这次故事的主角是谁？

生：是善良的鲨鱼。

师：对，性格不一样了。这是关于什么的故事呢？

生：友情。

师：谁来独立编个故事呢？

师：看，四位同学举起了手，我想把这次机会给没有发过言的同学。

生：大海里有条鲨鱼，他不像其他的鲨鱼那么凶猛，他很善良。有一天，他游出了家，在路上，碰到小鱼卡在了珊瑚里面……

师：嗯，又添加了一个角色，还有了新的情节，这样想象真有趣。

生：鲨鱼立刻游过去，用它锋利的牙齿把珊瑚咬断，救出了小鱼。

师：这时候，锋利的牙齿就起到了作用，这就是巧合。了不起啊，掌声送给他。我们的小作家！

【评析：在很多学生眼中，习作是件头疼的事情，在很多教师眼中，上习作课是很冒险的选择，可为什么汤老师的习作课如此有趣？原来，汤老师能够满怀一颗童心来设计习作课，她的课堂上有玩不完的游戏。故事的主角和话题都是由学生"喊停"决定的，多好玩呀；故事的情节是由同学们接龙完成的，多有意思。透过好玩的表象，我们更看到了汤老师独到的用心：随机选取故事的主角和话题，能够放飞学生想象的翅膀；合作完成故事接龙，不仅降低了讲述的难读，也让每一个学生时

刻都得用心倾听，让彼此之间有了更多的协作。】

板块三：用绘本引路，提供创编思路

师：一篇有趣的童话故事就这样诞生了。关于这样的主角，这样的话题，老师也给大家带来了一个故事，想不想看？

生：想。

师：我们可以学学，怎样把这个故事想象得更加有趣。来，我们去读读吧。让我们走进——

生：《爱笑的鲨鱼》。

师：故事开始，主角出场了，你来读。

（师生合作读绘本《爱笑的鲨鱼》。）

师：这就是《爱笑的鲨鱼》的故事，我们再完整地看一下这个故事，故事的主角是谁？

生：爱笑的鲨鱼。

师：还可以怎么说？

生：最善良、最阳光、最爱交朋友、最爱笑的鲨鱼。

师：我们说过，一个好的故事，不能只唱独角戏，还要干吗？

生：加一加角色。

师：这里加了谁？

生：鱼儿们。

师：我们编故事的时候也可以——

生：角色加一加。

师：鲨鱼笑笑用什么救了鱼儿们？

生：笑笑唯一能做的就是——笑！

生：他一笑就吓跑了渔夫。

师：你觉得这样写好不好玩？

生：好玩。

师：这就叫故事的巧合。

师：我们可以——

生：巧合用一用。

师：这样一来，我们编出的童话故事就特别有趣了。想不想自己也来编一编？

师：先想一想，这么多的角色，你会选择谁呢？和你的同桌交流交流吧。

（同桌交流讨论。）

师：谁来谈谈？

生：蚂蚁扛大树。

师：期待你的故事。

生：我准备讲的是蜗牛健步如飞。

师：围绕一个什么话题？

生（笑）：蜗牛当了快递员。

师：这个主意不错，可以把你需要的东西送回家。你们看，联系生活，也可以去想象。还有谁来？

生：公鸡会下蛋。

师：这是怎样一个有趣的故事？

生：有个农夫准备吃掉公鸡，突然有一天，公鸡下了个蛋。

师：哦，他这样做是为了自救啊。真是聪明的公鸡。

【评析：三年级学生进行习作，要不要教方法？答案是肯定的。提到写作方法的指导，我们眼前出现的很可能是教师枯燥的讲解，学生毫无兴致可言。不过汤老师的课堂却不同，她巧妙引入学生非常感兴趣的绘本故事，在阅读绘本故事的过程中，学生不知不觉就学到了"角色加一加""巧合用一用"等方法，一切水到渠成，自然而然。】

板块四：依据评价，自主创编故事

师：好了，同学们已然展开了想象的翅膀，那还在等什么？不过，在写之前，老师有三条温馨提示。谁来读一读？

（课件出示星级评价，师指名读。）

师：请同学们拿出习作单，大胆展开想象，开始自己的创作吧。

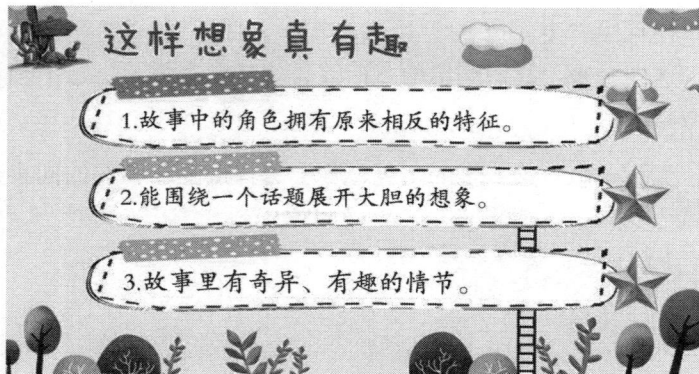

这样想象真有趣

1.故事中的角色拥有原来相反的特征。

2.能围绕一个话题展开大胆的想象。

3.故事里有奇异、有趣的情节。

（生现场写作，师巡视，时间 10 分钟。）

师：来，我们分享同学们的作品吧。

师：来看第一位小作家，请她读一读自己的作品。其他同学可以结合刚刚的评价标准进行评价。

（生读自己的作品《蚂蚁扛大树》。）

师：有人鼓掌了，你为什么要给她鼓掌？

生：故事中的主角有相反的特征。

师：蚂蚁会扛大树了，神奇。

生：情节比较奇异。

师：奇异在哪里？

生：蚂蚁发挥神力救了压在树下的大象。

师：是啊，这样的情节真是不可思议。你给她几颗星？

生：五颗星。

师：再来看一篇作文《小狗飞天》。

（生读作文《小狗飞天》。）

师：如果你是小作家，怎样把这个情节变得更奇异？

生：小狗的翅膀变大后，带着三个小女孩飞上了蓝天。

师：对，如果把这个情节变成小狗带着三个小女孩也飞上了天，带她们去看精彩的世界，你觉得这样写会不会更有意思呢？

生：会。

师：这样，这个故事的话题就是——

生：梦想。

师：我们来看李同学的。

生：啊？

师：为何有同学"啊"了一声？

生：因为他平时写作都写不好的。

师：今天，老师想告诉你们，我们也要换个眼光看同学，是不是？不信，我们来看看他的作文。

（李同学读《公鸡下蛋》。）

（生鼓掌。）

师：哦，同学们为什么情不自禁地为他鼓掌？

生：故事中公鸡和主人的对话特别好玩。

师：是呀，他巧妙地用对话推动了情节的发展。

生：在公鸡快要被主人吃掉的时候，他的梦想突然实现了。

师：是啊，在危急的时刻故事发生了转折，对吗？

生：对啊。他的体内突然爆发了洪荒之力，生出了一个大鸡蛋。

师：哈哈，好的故事总是充满巧合。别着急，精彩还在后面。

（李同学继续读《公鸡下蛋》。）

生1：公鸡居然生出了金蛋，太神奇了。

生2：这样主人更舍不得吃掉他了。

师：这个故事充满了奇妙的想象。你们给他几颗星？

生：六颗星。

师：你想对这位作者说点什么？

（生走到李同学旁边。）

生：你的想象非常奇妙，故事很精彩。

李同学：谢谢！

师：看，你们充分的肯定可能会改变他哦。说不定，以后他就是你们班的作文高手呢。课后，同学们可以继续完善自己的作品。

【评析：学生掌握了方法，自然要动笔实践，写一写，不过，汤老师在这里加上了一个独特的环节：请学生先读一读星级评价内容，清楚评价要点后再动笔写，这样就能有效避免一些问题的出现。相信这样目标更清晰的写作才是更高效的表达。从了解评价要点，到动笔写作，再到根据评价要点进行评价，这样就真正将评价落到了实处，真正做到了让评价促进习作。】

板块五：畅谈感悟，放飞想象之翼

师：通过这节课的学习，你有什么想和大家分享的吗？

生1：我们可以想象动物具有相反的特征。

生2：可以围绕一个话题大胆地想象。

生3：在故事的情节中制造巧合。

生4：这样反着去想象很好玩！

师：真好！还有最后一个机会，谁来总结？

生：今天，我学会了怎样展开想象写故事。

师：你的这句话是对我这节课最高的评价，谢谢你！最后，老师送给你们一句话，好吗？一起来读读吧。

生：换个角度看世界，会不会更有趣？

师：换个角度看世界，会不会更有趣呢？请同学们继续大胆想象，勇敢尝试吧，下课。

【评析：结课前的反思和总结是非常重要的。汤老师引导学生分享自己的学习收获和思考，不仅是对这节课学习情况的梳理，也为后面的继续学习奠定了基础。相信"换个角度看世界"的思维方式一定会带给学生很多的收获。】

落实阅读策略　提升阅读速度

——特级教师徐世赟《将相和》教学评析

　　《将相和》是一篇非常经典的老课文，相信很多教师都曾经教过这一课，甚至还上过公开课。再次看到统编版小学语文教材中的这篇课文，我们会下意识地想到曾经的教学场景：如何在朗读中感受蔺相如令人折服的智慧与口才，如何通过表演再现负荆请罪的情景……

　　当年揭示课题时让学生提问的场景也历历在目：课题中的"将"是谁？"相"又是谁？他们为什么不和？后来又是怎样和好的？

　　这就是迁移，一种非常正常的思维方式。不过今天，再教学这一课时，这样的教学环节都无法复制过来了。在统编版小学语文教材中，《将相和》一课安排在了五年级上册的策略单元中，这一单元的阅读策略是提高阅读的速度，我们的教学指向自然就聚焦到如何提高阅读速度上面了。课文无非就是一个例子，我们要借助课文这一例子，提升学生的语文素养。教学这一课，我们一定要走出窠臼，精准解读，精心设计，这样才能有效落实这一单元的语文要素。

　　1. 用归零的心态重读，确定恰切的教学目标。在统编版小学语文教材中遇到老课文，我们会习惯性地进行原有教学设计的迁移。但当老课文已经变换了年段，承载了全新的编者意图时，我们一定要谨慎思考：新瓶装了老酒，会不会变了味道？我们能否大胆一些，让一切归零，重读老课文，把老课文当新课文一样去读，在全新语文要素的视域下重新解读老课文。只有这样，我们才能确定出体现编者意图的恰切有效的教学目标。

敢于打破固有思维方式，才能走出窠臼，发现新天地。徐老师就是这样做的：这一课的开课，没有学生对"将"或者"相"的质疑；这一课的学习，没有花精力在故事情节的理解上。这一课聚焦的教学目标只有一个，那就是这一单元的语文要素——提高阅读的速度。有了精准的定位，就有了有效的教学，而这一切，都源于徐老师能够用一种归零的心态重读这一课，在语文要素的关照下精准地进行目标定位。

2. 用聚焦的方式推进，提升学生的阅读速度。这一单元的语文要素是提高阅读的速度，四篇课文承载了不同的任务，就《将相和》一课而言，是要教会学生"连词成句地读"，从而提高阅读的速度。因此，教学这一课一定要学会聚焦，设计层层推进的教学环节，最终让学生阅读速度得到提高。

回顾这一课的教学，徐老师的设计可谓精妙，环环相扣。开课回顾《搭石》一课所学到的提高阅读速度的策略，让《将相和》一课的学习建立在了前一课学习的基础上。接着借助认读词语的活动，帮助学生感知连词成句的阅读策略，为后面的阅读实践打下了基础。学习课文时，徐老师在关注阅读速度的同时，并没有忽视阅读的质量，为了避免学生一目十行地走马观花，他设计了对阅读内容进行考核的环节，引导学生明白在提高阅读速度的同时，不能忽视了对内容的理解。徐老师还借助课后习题，对学生进行了"连词成句地读"的专项训练，训练后再读课文，在前后阅读速度的对比中，我们不难发现学生因为掌握了"连词成句地读"的阅读策略，阅读速度确实提高了。为了巩固这一阅读能力，徐老师及时引入课外阅读内容，引导学生运用所学到的阅读策略进行实践练习，从而提高阅读速度。

就这样聚焦一个目标，由浅入深，由易到难，层层推进，进行学习和练习，学生掌握了"连词成句地读"这一提高阅读速度的策略，单元的语文要素得到了有效的落实。

纵观徐老师的这节课，我们一定明白了，教学策略单元的课文，一定要敢于取舍，要舍得花时间和精力在阅读策略的学习和练习上，对于字词的教学、课文内容的理解等要敢于放手。课堂教学的时间是个定数，有舍才会有得，聚焦了才会学得扎实、掌握得牢固。

附教学实录

阅读要有一定的速度
——《将相和》课堂实录
（统编版小学语文教材五年级上册阅读策略单元）

执教：徐世赟（特级教师）
单位：甘肃省兰州市东郊学校

一、复习导入，链接阅读策略

师：昨天，我们学习了《搭石》这一课，在《搭石》这一课上我们重点地训练了什么？

生齐：提高阅读速度。

师：上课前，我们来回顾一下，在《搭石》这一课的学习中，为了提高阅读速度，我们需要注意什么？

生1：阅读的时候要注意力集中，不停留在不理解的词语上。

生2：阅读的时候要集中注意力，不停留、不回读。

（师板书。）

师：集中注意力就是要不分心、不走神、不受干扰。不停留就是——

生：遇到不理解的词不要停留，继续往下读。

师：那不回读呢？

生：就是如果发现有你感到费解或者看不懂的地方不要再从头读一遍，而是继续往下读。

师：解释得非常清楚，很好。这是我们提高阅读速度首先要掌握的。大家回忆一下，我们昨天在《搭石》的阅读和训练中，同学们出现的最大问题是什么？你们再回忆一下。

生：有的同学读的时候是一目十行地读，没有认真看就直接读过去了。

师：就是说，你们读的时候——

生：只求速度，没有明白课文的主要意思。

师：这是我昨天在我们的练习中反复强调的问题——单纯地追求速度。有些同学一计时马上就一目十行地读，这样并不好，我们要注意是，提高阅读速度，也要理解内容。阅读、理解、速度是同步的。（师板书：理解。）提高阅读速度，除了有这些首要条件外，还有没有好的方法呢？今天我们来学习《将相和》一课。我们来看阅读提示，谁来读？

☆集中注意力（不分心，不走神，不受干扰）
☆不停留（遇到不懂的词语）
☆不回读

☆提高阅读速度，也要理解内容

【课件出示】

用较快的速度默读课文，记下所用的时间，尽量连词成句地读，不要一个字一个字地读。

生：用较快的速度默读课文，记下所用的时间。尽量连词成句地读，不要一个字一个字地读。

师：在这一课中又提出了一个提高阅读速度的方法，是什么呢？

生齐：连词成句地读。

【评析：复习旧知，导入新课，这看似缺乏新意的开课方式实则是非常有效的，只有建立在前一课学习的基础上，新一课的学习才会更有效，特别是策略单元课文的学习，每一课都不能孤立地进行教学。】

二、借助活动，感知阅读策略

师：什么叫"连词成句地读"呢？我们先来做一个小活动——我会在屏幕上出示一些词语，一组一组地出示，你们需要一眼就把这些词语读完，请看屏幕，看看谁一眼就能看完所有的词语？当然，看不完也没有关系，你们能看多少就看多少。

（课件出示以下词组，稍停顿一两秒即隐去内容。）

【课件出示】

看看谁一眼就能看完所有的词语

| 书包 | 铅笔 | 课本 | 橡皮 |

生：书包、课本、铅笔、橡皮。

师：哟，还不错哦，一眼都看完了！我们继续——

（课件出示以下词组，稍停顿一两秒即隐去内容。）

【课件出示】

看看谁一眼就能看完所有的词语

| 橡皮擦 | 铅笔盒 | 投影仪 | 展示台 |

生：橡皮擦、铅笔盒、投影仪、展示台。

师：嘿，还真厉害！再来一组，刚才的是三个字，这次的是四个字。准备！

（课件出示以下词组，稍停顿一两秒即隐去内容。）

【课件出示】

看看谁一眼就能看完所有的词语

| 春和日丽 | 和风细雨 | 万物更新 | 鸟语花香 |

生：春和日丽、鸟语花香、和风细雨……

师：其他同学不提示哦。说了几个词？（生：三个。）这已经很了不起了。你刚才为什么还有一个词没看出来？

生：我从左往右快速扫了一眼，还没有扫完，只看到三个词，因为这一组字数比较多。

师：很好，他是一眼看过去直接看词语，这个方法很重要。有没有人把四个词全看到的？

生：春和日丽、和风细雨、万物更新、鸟语花香。

师：厉害！那难度要更高了。再来，看屏幕，五个字。

（课件出示以下词组，稍停顿两三秒即隐去内容。）

【课件出示】

看看谁一眼就能看完所有的词语

| 床前明月光 | 疑是地上霜 | 居高声自远 | 非是藉秋风 |

生：床前明月光、疑是地上霜、居高声自远、非是藉秋风。

师：真厉害！我还设置了一个小陷阱，也没让你陷进去。大家发现了吗？刚才看四字词的时候，好多同学只看了两个、三个，而刚才看的实际上是两首诗的节选，为什么你只一眼就全记住了？

生：因为之前那些词我们并没有多少记忆，而这些诗句我们之前已经读过或背过，在大脑中留下了记忆。只要它出现了，我就可以自然、快速地看过去。看见每句的前面的一两个字就知道了整个句子，所以很快就看完了，就记下来了。

师：那也说明一个问题，提高阅读速度跟我们的阅读经验、阅读积累很有关系。接下来换一个活动，我会出示一组词语，然后再出示一个句子。注意力集中，如果你们一眼读完了，马上举手。

（课件出示以下词组，稍停顿一两秒即隐去内容。）

【课件出示】

看看谁一眼就能看完所有的词语

秦王　约赵王　渑池　会面

（生举手。）

师：好，举手的同学不多。看下一组，你们一眼看完，看完了就举手。

（课件出示以下句子，稍停顿一两秒即隐去内容。）

【课件出示】

看看谁一眼就能看完所有的词语

秦王　约赵王　渑池　会面　秦王约赵王渑池会面

（生举手。）

师：很奇怪，第二次举手的同学比第一次举手的多了，为什么？

生：因为上面那一行，每个词的间距比较大，而下面这一行，每个词的间距比较小。

师：也就是说，直接连成了——

生：一个句子。

师：还有人要说——

生：因为我们已经了解到了上面的词语，下面的句子就更好记忆了。

师：其实徐老师在教你们什么呢？

生：连词成句。

师：对了，有时候一眼看到一句话比只看到几个词的速度要——

生齐：快。

师：这就叫"连词成句地读"。我们连词成句地读，一眼看到一个词组甚至能看到词组连成的一句话，这时候的阅读速度就明显比较快。

【评析："连词成句地读"是提高阅读速度的有效方法，但对于学生来说，它是陌生的，是不知如何操作的。这里徐老师设计了一系列的活动，从易到难，学生在层层推进的练习中很快就了解了这一阅读策略，为后面运用这一策略阅读这篇课文打下了坚实的基础。】

三、专项训练，掌握阅读策略

师：通过刚才的两个活动，我们明白了：阅读时，要在集中注意力、不停留、不回读的基础之上，运用连词成句的方法来读，就能比较有效地提高我们的阅读速度。但是，我还是要强调，提高速度和理解内容是同步的。接下来，我们到课文中实践一下。先不要着急翻书，准备好你们的计时工具。准备好了吗？预备，开始！

（生计时默读。师提醒：阅读与理解同步，你不要只图快，要尽量运用连词成句的方法读。停表的同学合书，我就知道你读完了。没有读完的同学不要受干扰，耐心地读，依然保持注意力，读完停表。）

师：都读完了，我们来交流一下。我发现这位同学是第一个读完的，你用了多长时间？

生：1分09秒。

师：其他同学呢？

生：1分30秒。

生：2分05秒。

生：2分43秒。

生：1分56秒。

师：还有没有超过两分钟的同学？

生：2分34秒。

师：有没有超过3分钟的同学？

生：3分19秒。

师：超过3分钟的同学请举手。（10人举手。）在1分30秒以下的同学请举手。（5人举手。）2分到3分钟之间的同学请举手。（大部分生举手。）

师：我为什么要做这样一个统计呢？大家看，默读时间在1分30秒以下的只有5个人，3分钟以上的有10个人，大多数人是在2分钟到3分钟之间默读完毕。这就说明什么问题？

生：说明有的人阅读速度较快，有的人速度比较慢。

师：昨天在讲《搭石》的时候我们就说过一个问题，有些同学只追求了速度，并不是一句句地默读，而是一目几行地跳读。这篇课文有1100个字，按照五年级学生的默读速度的要求，你们可能会用3分钟以上的时间默读完，假如你们提高了速度，可能就在3分钟左右读完。所以，读得快和读得慢，都不能避免一个重要的问题：理解是不是同步了。请看屏幕，不出声，知道的同学举手就好了。

（课件出示阅读检测题。）

【课件出示】

阅读检测

◎《将相和》的故事发生在（B）

A. 春秋　　　　B. 战国

生：选B，战国时期。（其他生齐声喊："对！"）

师：好，我们继续——

【课件出示】

阅读检测

◎"秦王我都不怕，还会怕廉将军吗？"这句话是（B）

A. 蔺相如对廉颇说的

B. 蔺相如对手下人说的

C. 蔺相如对赵王说的

生1：选A。（其他生喊："错！"）

师：没关系，我还是要问一下，你用了多长时间默读完？

生1：我用了1分43秒。

生2：应该选B。

师：你用了多长时间？

生2：1分57秒。

师：也就是两分钟。好，来看第三组。

【课件出示】

阅读检测

◎有一天，A坐车出去，远远看见B过来了，A连忙叫车夫把车往回赶。

其中，A 是<u>蔺相如</u>，B 是<u>廉颇</u>。

生：有一个是蔺相如，还有一个是廉颇。

师：这还用得着你说？（生笑。）就说 A 是谁，B 是谁。

生：A 是蔺相如，B 是廉颇。

师：好，最后一题。

【课件出示】

阅读检测

◎《将相和》中的"将"指的是<u>廉颇</u>，"相"指的是<u>蔺相如</u>，"和"的意思是<u>和好</u>。

生："将"指的是廉颇，"相"指的是蔺相如，"和"的意思是他们和好了，成为了好朋友。

师：没错，那他们为什么不和呢？继续——

【课件出示】

阅读检测

◎《将相和》中的蔺相如和廉颇不和的原因是_____。

生：因为廉颇认为蔺相如的职位比他高，他很不服气。

师：仅仅是因为职位高吗？谁还有补充？

生：因为廉颇很不服气，他觉得自己征战沙场立下许多大功，而蔺相如就靠一张嘴，反而爬到他头上去了，所以就和蔺相如不和了。

师：你用了多长时间默读完？

生：2 分 43 秒。

师：非常好。现在我做个小结，你们得老老实实告诉我，这 5 道题有不知道的或者有答错的同学，请举手。（生举手。）

师：你有几道题答错了？

生 1：A 是谁、B 是谁那道题答错了。

师：你用了多长时间默读完？

生 1：2 分 21 秒。

师：谢谢。她有一道题错了，大概用了 2 分 20 秒的时间。刚刚我发现有 6 位同学没有答对，他们大概用了 1 分钟、2 分钟左右默读完。有没有全答对的？（大部分生举手。）全答对的同学比较多，你用了多少时间？

生 1：我的时间是 2 分 30 秒。

生 2：我是 2 分 56 秒。

生 3：我是 3 分 25 秒。

师：好，手放下。这个数据说明一个问题——阅读时间和理解是有关系的。当然，每个人的阅读速度与他的理解能力、阅读经验都有关系。如果有一些问题出现了，说明我们读的时候只追求了速度，不注重理解。所以，我们还是要强调一下——

【课件出示】

提高阅读速度，不是看谁读得快，只求速度。

提高速度和理解内容是同步的。

没有同步的理解，再快的阅读速度都没有意义。

师：一起读！（生齐读。）

师：再读一遍，预备，起！（生齐读。）

【评析：提高阅读的速度并不是要一味地追求速度之快、用时之短，只追求速度很容易就丢失了对内容的理解。这里徐老师运用选择、填空等方式考核学生的阅读效果，能够有效帮助学生沉静下来，在追求阅读速度的同时，关注对阅读内容的把握，这样的做法值得肯定。】

师：接下来我们还要交流一下，你们刚才在运用连词成句的读书方法阅读时有没有什么问题或者遇到什么困难？有没有回读？或者遇到不理解的地方你们是怎么做的？

生 1：刚才读到渑池会面的时候，有一个句子我跳过去了，在后面我读到"蔺相如也叫人记录下来，说在渑池会上，秦王为赵王击缶"时就明白了，秦王为赵王击缶的原因。

师：你表达的是前面读的时候没理解，可是读着读着，读到后面就理解了，是吗？（生点头。）

生 2：阅读的时候，我尽量连词成句地读，有的时候看到标点符号不太清楚，也就读到下一句去了。有时不太理解，再继续往后读，就把前面的问题弄明白了。

师：这个经验也很重要。我们连词成句地读，但要注意句与句之间的分隔。

生3：我读的时候因为比较快，两段容易连到一起，所以我那道题说错了。

生4：我读的时候尽量连词成句地读，可是读着读着就快了，有些地方没读明白，就会忍不住回读一下。

师：真好！我们在训练阅读速度时，是会出现理解没跟上速度的情况，这很正常。我们要求不停留、不回读也不是坚决不能停留、回读，只是希望在这种练习中逐渐养成习惯。其实，我们连词成句地读，重要的还是要注意阅读与理解同步，不要一味地追求速度。这位同学读的速度比较快（1分09秒），5道题也全答对了，来分享一下你的阅读过程。

生：这个故事我之前就已经了解过，所以在读的时候就可以放快速度去读。即使课文再长一些，只要你的思路是清晰的，把字看准，照样可以读得很快，也理解得很好。

师：这是你长期广泛阅读所积累的经验，特别好。

【评析：在教学中，交流分享是非常重要的学习方式，不容忽视。这里徐老师组织学生进行交流，无论是交流运用连词成句的策略进行阅读时遇到的困难，还是分享自己成功的经验，都能让学生彼此之间相互启发，相互促进。】

师：我接下来要出示一段话，看看你们一眼能看到多少。看屏幕。

（课件出示以下句段，稍停顿两三秒即隐去内容。）

【课件出示】

读下面这段话的时候，你一眼看到了多少内容？

秦国的国君历来不守信用，我怕有负赵王所托。已经让人把和氏璧送回赵国了，如果您有诚意，先把十五座城交给我国，我国马上派人把璧送来，我们怎么敢为了一块璧而得罪强大的秦国呢？

生1：我一眼看到"秦国的国君历来不守信用，我怕有负赵王所托，已经……”

师：看了很长一句话，是吧？我知道她是特别爱读书的孩子，读了不少书，她的阅读经验很丰富。

生2："秦国的国君历来……"后面就不知道了。

师：已经很厉害了！我们来看看书上的两个小伙伴，他们看到了什么？

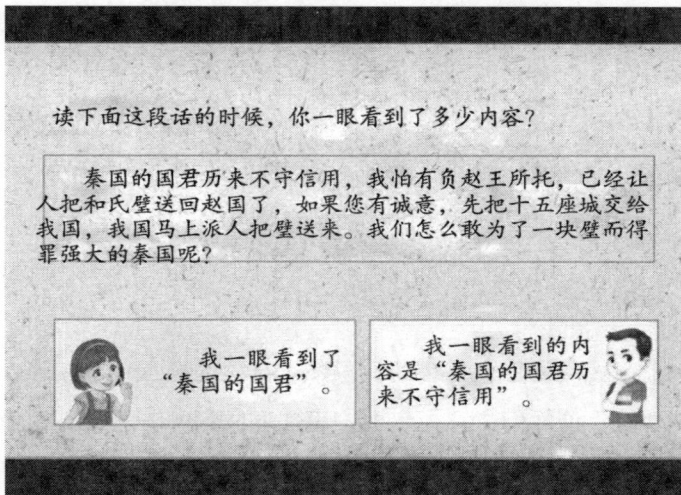

读下面这段话的时候，你一眼看到了多少内容？

秦国的国君历来不守信用，我怕有负赵王所托，已经让人把和氏璧送回赵国了，如果您有诚意，先把十五座城交给我国，我国马上派人把璧送来。我们怎么敢为了一块璧而得罪强大的秦国呢？

我一眼看到了"秦国的国君"。

我一眼看到的内容是"秦国的国君历来不守信用"。

师：第一个小伙伴说——

生齐读：我一眼看到了"秦国的国君"。

师：第二个小伙伴说——

生齐读：我一眼看到的内容是"秦国的国君历来不守信用"。

师：你看，我们每个人一眼看到的内容的多少是——

生：不一样的。

师：所以速度也就不一样。这都没有关系。但是，提高阅读速度不是说我们在这一课练了大家就一定掌握得特别好，还需要在平时的阅读中运用这种方法，这样才能提高你们的阅读速度。现在我们再读一遍课文，看看这一次你们用了多长时间。这次我不喊开始，你们把书打开，一开始读就自己计时。

（生计时快速默读课文。师提醒：尽量连词成句地读，不要跳读，不要浏览，我们练的不是浏览的方法。没有读完的同学要有耐心。）

师：这次你们举手表示，默读时间超过 2 分钟的请举手。（大部分生举手。）超过 3 分钟的请举手。（四位生举手。）少于 1 分 30 秒的请举手。（10 位左右生举手。）我再次强调一个问题，如果你少于 1 分钟或者 1 分 30 秒，我是有怀疑态度的，哪怕咱们第二遍读课文，也是需要用连词成句的方法快速默读。有的同学可能用了浏览的方法，速度太快了。浏览是我们后面才需要练习的。

【评析："连词成句地读"的本质就是要尽可能地扩大学生的阅读视域，这里徐老师借助课后练习题进行专项的训练，帮助学生掌握"连词成句地读"的阅读策略，聚焦精准，所取得的效果非常明显。当学生再次读课文时，用时超过 3 分钟的由开始的 10 人降低到了现在的 4 人。】

四、拓展阅读，巩固阅读策略

师：下面我们增加点儿难度，屏幕上会滚动显示一个故事，这个故事大约 500 字，请你们注意力集中，用连词成句的方法读。注意：过去了就没有了，请看屏幕。

（课件逐行滚屏出示《和氏璧的故事》，生快速默读。）

【课件出示】

和氏璧的故事

和氏璧，是一块宝玉的名称，有一段不平凡的来历。

相传在春秋时期的楚国，有个叫卞（biàn）和的人，在楚山中拾到一块玉璞（pú）（即未经过加工的美玉），把它奉献给了楚厉王，厉王就叫辨别玉的专家来鉴定，鉴定的结果说是石头，厉王大怒，认为卞和欺骗戏弄自己，就以欺君之罪名；砍掉了卞和的左脚。

不久，厉王死了，武王即位，卞和又把这块玉璞奉献给武王，武王也叫辨别玉的专家来鉴定，结果同样说是石头。

师：读完了吗？

生：读完了。

师：第一题——

【课件出示】

阅读检测

◎《和氏璧的故事》发生在（A）

A. 春秋　　　　　B. 战国

生：春秋。（其他生齐声喊："对！"）

师：《将相和》的故事发生在战国，和氏璧的故事发生在春秋。第二题，同学们不要出声，只举手。

【课件出示】

阅读检测

◎《和氏璧的故事》中的卞和第一次把璧献给了＿＿A＿＿，第二次献给了＿＿C＿＿，第三次献给了＿＿B＿＿。

A. 楚厉王

B. 楚文王

C. 楚武王

生：第一个选 A，第二个选 C，第三个选 B。　（其他生齐声喊："对！"）

师：下一题——

【课件出示】

阅读检测

◎卞和哭得那样悲伤，那是因为＿＿＿＿＿＿＿。

生：因为他送给楚厉王、楚武王的璧被专家认定为是石头，他的两只脚全部被砍了。

师：这是对故事内容做了一个小结，谁能用卞和自己的话来回答？

生：因为别人把一块宝玉当成了一块石头。

师：还是不够清楚。再读一遍，这一遍读完后难度要提高了。

（师播放第二遍，生再次快速默读《和氏璧的故事》。）

师：读完了吗？难度提高，（课件出示。）你们能不能根据这三句提示把这个故事讲出来呢？自己先试着讲一讲。

【课件出示】

根据揭示讲讲这个故事

☆相传在春秋时期的楚国……

☆不久，厉王死了，武王即们……

☆武王死后，文王即位……

（生自由练习后，师先后请两名同学讲故事，讲得清楚明白。）

师：好的，这节课我们训练的提高阅读速度的方法是——

生：连词成句地读。

师：这需要你们在课后大量的阅读中去运用这个方法，才能非常熟练地使用这个方法。之后的课文里，我们还要继续学习提高阅读速度的方法，好，今天的课就上到这里。下课！

【评析：任何技能的习得都离不开实践练习，当学生初步掌握了"连词成句地读"这一提高阅读速度的策略时，一定要及时引导学生进行实践练习。在这里，徐老师出示了《和氏璧的故事》一文让学生运用策略进行阅读，这样趁热打铁，能够有效帮助学生巩固所学到的阅读策略。】

附：

和氏璧的故事

和氏璧是一块宝玉的名称，有一段不平凡的来历。

相传在春秋时期的楚国，有个叫卞（biàn）和的人，在楚山中拾到一块玉璞（pú，即未经过加工的美玉），把它奉献给了楚厉王。厉王就叫辨别玉的专家来鉴定，鉴定的结果说是石头。厉王大怒，认为卞和在欺骗自己，就以欺君之罪名，砍掉了卞和的左脚。

不久，厉王死了，武王即位，卞和又把这块玉璞奉献给武王。武王也叫辨别玉的专家来鉴定，结果同样说是石头，武王又以欺君之罪砍掉了卞和的右脚。

武王死后，文王即位。卞和抱着玉璞到楚山下大哭，一直哭了三天三夜，眼泪哭干了，最后哭出了血。文王听说后，就派人问他，说：

"天下被砍掉脚的人很多，都没有这样痛哭，你为什么哭得这样悲伤呢?"卞和回答说："我不是为我的脚被砍掉而悲伤、痛哭，我所悲伤的是有人竟把宝玉说成是石头，给忠贞的人扣上欺骗的罪名。"文王于是就派人对这块玉璞进行加工，果然是一块罕见的宝玉。于是就把这块宝玉命名为"和氏璧"。

由于这块宝玉的珍奇，加之来历的不平凡，因此，便成了世间所公认的至宝，价值连城。这也是秦王不惜以十五座城为诱饵来骗取"和氏璧"的原因所在。